U0797798

草根创业者的励志典范

磨难、坚守、机遇、胆气、奉献奠定的成功传奇

让10亿草根少奋斗20年的成功经验

学富豪的思考方式和行动方式，不知不觉中你也会变成一个富豪。

身价百亿不输须眉，用最原始的方式逆袭为财富精英！

财富女人非常道

白手起家女富豪的中国奋斗史

羽 茜◎编著

董明珠、陶华碧、张 茵、臧健和、陈丽华

她们不是天才，只是很勤奋、很专注！

中国长安出版社

图书在版编目（CIP）数据

财富女人非常道：白手起家女富豪的中国奋斗史 / 羽茜编著 . — 北京：中国长安出版社，2014.5

ISBN 978-7-5107-0726-1

Ⅰ . ①财… Ⅱ . ①羽… Ⅲ . ①女性—企业家—生平事迹—中国 Ⅳ . ① K825.38

中国版本图书馆 CIP 数据核字（2014）第 101822 号

财富女人非常道：白手起家女富豪的中国奋斗史

羽茜　编著

出版：中国长安出版社

社址：北京市东城区北池子大街 14 号（100006）

网址：http://www.ccapress.com

邮箱：capress@163.com

发行：中国长安出版社　全国新华书店

电话：（010）85099947　85099948

印刷：北京普瑞德印刷厂

开本：710mm × 1000mm　1/16

印张：15.5

字数：160 千字

版本：2014 年 7 月第 1 版　2014 年 7 月第 1 次印刷

书号：ISBN 978-7-5107-0726-1

定价：32.80 元

前言 PREFACE

36岁之前，她的人生平淡无奇；36岁之后，她却用坚韧和执着走出了一条别人无法复制的创业之路，用自己的倔强和坚持创造了无数职场营销的奇迹，并一手缔造了格力电器的商业传奇。她就是“世界十大最具影响力女企业家”之一的商界“铁娘子”——董明珠。

她没上过一天学，为了养育孩子、照顾重病在身的丈夫，她举过8磅锤，背过黄泥巴，拉过黄包车……苦难没有压倒她，而是催促她走上了一条创业的道路，并最终从一个不识字的农妇，慢慢蜕变成商场上叱咤风云的巾帼英雄。她的个人经历引人入胜，她的奋斗历程绝对励志，她的成功轨迹释放着积极的正能量！她就是折服和感动了亿万人的“老干妈”——陶华碧。

27岁那年，她放弃了50万元年薪的工作，一个人怀揣3万元独闯香江，在“废纸回收”这片“蓝海”中挖到了宝藏；从“中国废纸回收大王”到“美国废纸回收大王”，从“中国牛卡纸大王”到“中国造纸大王”，一年又一年，她实现了自己一个又一个人生目标。创业路上，她遭遇无数危机，“三重门”让她身陷舆论漩涡，她不惧流言，用行动证明自己，把危机变成机遇，成功突出重围。她的财富故事带着很强的草根创业传奇色彩，走进并照亮我们的视野，其背后自强不息、开拓创新的个人创业经历，正具备这个时代所呼唤的精神。她就是被誉为“中国版阿信”的中国第一位女首富——张茵。

人生的前半程，她在故乡生活得平淡、幸福，但婚姻的不幸却让她带着两个女儿流落他乡。爱人的背弃，生存的压力，并没有把她打垮，而是“逼”着她走上了一条创业之路。人生的后半程，她用二十几年的时间打造了属于自己的财富帝国。历史悠久，孕育了香港百年都市文化的湾仔码头在她的“演绎”下，成为了一个响彻世界的品牌，她就是“要把水饺摆上全世界的餐桌”的“湾仔码头”创始人——臧健和。

从长安街上的京城顶级私人俱乐部到打通了王府井商圈的金宝街，从56万平方米的富华园小区到京郊投资数十亿元的大学城，她在京城地产界创造了一个又一个奇迹。但是，这些成就还不足以显示她的成功，也不是她真正追求的成功，她的追求和梦想都汇集在那座敢与故宫比紫檀的无以伦比的紫檀宫里。她就是事业发迹于地产，人生辉煌于紫檀的“中国最富有的女企业家”——陈丽华。

本书讲述了这五位拥有巨额财富的中国女企业家不同的人生经历和创业历程，这里有她们的人生故事，也有她们的创业智慧，更有她们创造的财富传奇。阅读本书，可以让读者直观而又完整地了解她们的真实人生。

这是一本关于女性创业故事的励志书。这些拥有巨额财富的女富豪，大多出身贫寒，也没有什么高学历，更没有家产可以继承，她们依靠的是自己的双手和智慧，凭借的是独有的意志和信念，最终白手起家，获得了物质的丰裕和人生的成功。她们的成功，可以说是中国早期本土企业家的一个缩影：他们大多不是资本运作的高手，也很少通过上市融资来重塑金身，但他们却拥有高超的投资眼光、巨大的商业才能以及不屈不挠的创业精神。文中采撷了大量精彩的创业案例，深入浅出地分析了这些女富豪在不同的行业获取成功的致富秘诀，着重突现女性的自立和自强精神，阐明了女性奋斗的方向和技巧。

这也是一本关于生命成长的书。书中不仅有精彩的创业智慧，还有精彩的人生故事，这些人生故事展现了她们成长、成功背后艰辛的奋斗历程，永不放弃梦想的执着以及奉献社会的高风仪范。这些精彩而动人的故事告诉我们，通往成功和美丽的旅途，绝不是鲜花铺就的阳光大道，收获真正的美丽和成功需要执着的信念和辛勤的汗水。

这更是一本每个渴望成功者的人生指南，也是每个渴望拥有幸福生活的智慧启悟书。透过这些女富豪成功的光环，可以让我们看到她们的生命之花在荆棘中怒放的精彩，看到她们永不放弃梦想的执着，以及那种挑战自我、战胜自我的勇敢。尽管命运坎坷、世事艰辛，但她们的个性却在奋斗中散发出璀璨的光芒。成功虽无捷径，但却有迹可循，这一朵朵铿锵玫瑰的风雨历程，可以帮助每一颗追求卓越的心灵成功上路。

她们的人格与奋斗的独立、物质与精神的富有、形象与心灵的美丽，都是我们的榜样。榜样给人以引导，给人以方向，更能带给我们一种神奇的力量，给我们的心灵带来绵长的震撼与感动。

如果你想了解，在这个至今仍然由男性主导的社会中，这些财富女性是怎样在异常激烈的市场竞争中获得胜利的？她们的个性、品德、人生理念在致富过程中又究竟起到什么作用？她们的人生信仰和价值观与一般女性有什么不同？她们的自强、自信、成功、幸福的人生魅力究竟何在？

那么，请你翻开这本书，到书中去寻找答案吧。

CONTENTS

目　录

卷一　用“中国制造”创造世界纪录：格力女王董明珠的营销人生

章导言：与雷军的“十亿赌约”

她的倔强、她的坚守原则，甚至是她的霸道，最终成就了她的营销哲学，同时也成就了今天的格力。当然，“铁娘子”也有柔情的一面，她很爱漂亮，从不穿职业装；她有一颗慈母之心，一谈起儿子就会露出温暖的笑容，一提到慈善，总是义不容辞。

003　36岁独闯珠江，一切从头开始

008　营销女皇：董明珠走过的路不长草

021　初掌大权，开拓新局面

033　格力模式，横空出世

039　创新才能发展，质量造就品牌

045　“铁娘子”的管理之道

052　格力的慈善是一种习惯、一种文化

CONTENTS

卷二 把5块钱生意做成25亿：“老干妈”陶华碧的传奇人生

章导言：有华人的地方就有“老干妈”

她白手起家，把一瓶几块钱的辣椒酱做成与茅台齐名的品牌；她每天卖出100多万瓶辣椒酱，一年销售额高达数十亿；她15年只贷过一次款，从没漏交一分税，她的财务只有两笔最简单的账：进来多少，出去多少；她15年来一直遵循同一条商业交易规则：一手交钱，一手交货；她目不识丁，只会写自己的名字，却管理着一家拥有2000多名员工、年产值数十亿元的大企业。她就是老干妈麻辣酱的创始人陶华碧。

059 “我不坚强，就没得饭吃”

065 从凉粉里得到灵感，在麻辣酱里捕捉商机

070 只认三个字，照样办工厂

077 “干妈式管理”，让我管13亿的公司很轻松

082 钱是一张纸，名声最重要，靠诚信“辣”出财富

087 坚决维权：“难道我还要怕假货吗？”

093 不贷款，不偷税，不上市：有多大本事做多大事

098 做老板，首先要会做人

103 家族企业，一样能做大做强

CONTENTS

卷三 从“废纸回收”到“中国首富”：中国纸业大王张茵的财富人生

章导言：点石成金，废纸变森林

从“废纸回收大王”到“造纸大王”，作为中国第一个女首富，白手起家的张茵的财富故事带着和阿信一样的草根创业传奇色彩，走进并照亮我们的视野，其背后自强不息、开拓创新的个人创业经历，正具备这个时代所呼唤的精神。张茵的成功既包含了“天时、地利、人合”的机遇，更包含了她果断抓住机遇的能力和胆气。

109 从香港到美国，成就“废纸大王”

114 战略转型，从“破烂王”到“造纸大王”

121 资本运作，打开财富大门

127 不惧磨难，“三重门”之后继续前行

136 柔性管理，让企业与员工共同成长

142 事业与生活的双赢在于“平衡之道”

146 成功的教育胜过亿万身家

CONTENTS

卷四 把中国水饺摆上全世界的餐桌："水饺皇后"臧健和的奋斗人生

章导言：用水饺改变人生

从前，提起湾仔码头，人们想到的或许都是香港那个历史悠久的社区，那里孕育了香港的百年都市文化。但如今，提起"湾仔码头"，人们第一个想到的一定是"湾仔码头水饺"和它的创始人——臧姑娘。从一个流落到香港衣食无着却必须养育两个孩子的弱女子到名震亚洲的"水饺皇后"，臧健和的人生经历充满了传奇。

153 流落香港，倍尝艰辛

161 水饺是我的"第三个女儿"

166 抓住机遇，"北京水饺"进驻商超

173 "湾仔码头"的发展历程

178 从无证小贩到"世界杰出女企业家"

183 "湾仔码头"成功的"三大秘诀"

191 企业管理"四大关系学说"

198 情义无价，大爱无声

CONTENTS

卷五 一手地产，一手紫檀：华人女首富陈丽华的成功人生

章导言：地产是事业，紫檀是信仰

投资地产，让陈丽华成为中国最富有的女人之一，然而，尽管拥有亿万资产，她却说自己不是一个纯粹的商人，因为她几乎把全部的精力和心血都奉献给了博大精深的中华民族文化，奉献给了热爱的紫檀，并在其中找到了自己的坐标。就这样，一手地产，一手紫檀，陈丽华发现了财富之源，找到了人生真谛。

207 长安街上的大手笔

212 打通金宝街，救活王府井

216 情系紫檀，一生为伴

223 中国紫檀博物馆

228 家庭的幸福是最大的幸福

卷一 用“中国制造”创造世界纪录：格力女王董明珠的营销人生

与雷军的“十亿赌约”

在2013中国经济年度人物颁奖典礼上，小米公司董事长雷军放言：五年之内，营业额超过格力。作为格力集团董事长，董明珠当然不服气，最终二人达成“十亿赌约”。在此后的诸多公开场合，董明珠都表示：格力会100%完胜小米。董明珠“铁娘子”的风范由此一览无遗。

在格力电器二十多年的发展历程中，董明珠的功劳不可磨灭，她的倔强、她的坚守原则，甚至是她的霸道，最终成就了她的营销哲学，同时也成就了今天的格力。当然，“铁娘子”也有柔情的一面，她很爱漂亮，从不穿职业装；她有一颗慈母之心，一谈起儿子就会露出温暖的笑容，一提到慈善，总是义不容辞。

所以说，她的成功依靠的绝不仅仅是倔强、坚持甚至是“霸道”的个性，还包括在这些个性背后体现出来的对人性和社会的关怀，以及她提出的“大工业精神”。

董明珠说过，要把格力做成“百年的企业”，这是她的长远目标，甚至是她的一种信仰。拥有了这个信仰的董明珠，正在坚定不移地实践着自己的信念，这种精神值得所有人敬佩和学习。

人物简介

董明珠，江苏南京人，1954年生，相继任珠海格力电器股份有限公司经营部部长、副总经理、副董事长。并在2012年5月，被任命为格力集团董事长。世界公仆领袖联谊会经济领袖分会副会长、空调行业会长。连任第十届、第十一届和第十二届全国人大代表，担任民建中央常委、广东省女企业家协会副会长、珠海市红十字会荣誉会长等职务。“世界十大最具影响力女企业家”、“全球商界女强人50强”、“全球100位最佳CEO”。2012年，董明珠成为荣获亚洲质量网组织“石川馨—狩野奖”的第一位女性。2013年，荣获2013中国经济年度人物奖。

36岁独闯珠江，一切从头开始

励志箴言：在人生的道路上，如果你不学会独自面对风雨、面对挑战，那么就永远不可能获得成功。

古都南京，36岁之前的人生岁月

1954年夏天，长江遭遇了一场百年不遇的大洪水，对洪水和农田收成的关注吸引了人们的眼光。就在这年8月，董明珠出生在位于长三角的一座六朝古都——南京的一个普通家庭。作为这个家里的第七个孩子，董明珠并没有受到更多的关注。董明珠的父母都是正直而善良的人，受父母的影响，也养成了她坦率、好强和乐于助人的性格。少年时期的董明珠文静、听话，是个父母、老师和同学心目中的乖女孩。那时候，她梦想着自己长大后能当一名军人，去保护别人。

岁月无声逝去，董明珠就这样在平淡中逐渐长大了。三十岁之前，她的生活轨迹跟那个时代的绝大多数人一样，上学、毕业、结婚生子。1975年，21岁的董明珠从安徽芜湖干部教育学院统计学专业毕业了。同年7月，她进入南京一家化工研究所开始做技术工作。之后，结婚生子，日子过得平淡而幸福。

如果后来不发生那场变故，或许董明珠的人生就会这样按部就班地继续下去了，虽然不会有如今的辉煌，但应该也会是恬淡安稳的。但一切，都因为那一场变故而改变了。在董明珠三十岁那年，丈夫因病去世，儿子东东当时只有两岁。这是董明珠人生中最大的一个转折点，事隔多年，她自己也曾说："如果不是这件事，我不会走现在这条路。如果他在，也不会同意我来珠海。"

丈夫的去世，让这个家庭濒临倾覆的边缘。在传统的观念里，一个带着孩子的独身女人想要在社会中生存是非常不容易的。但是董明珠却不信这个邪，她告诉自己，绝不能就此倒下，因为孩子和父母都还需要她。

那个时期，也正是中国的改革开放进行得如火如荼的时候，辞职下海的浪潮已经开始席卷整个神州大地。尽管遭遇了人生变故，但董明珠依然对生活充满憧憬和希望，所以她很想到外面的世界去闯一闯。

可是她的想法却遭到了家人的质疑和反对。他们认为一个弱女子独自在外面是很难谋生的，而且还可能会遇到很多危险，如果没有家人在身边，谁来保护她呢？而最重要的是，当时董明珠是南京一家化工研究所的技术干部，在那个年代，这可绝对是一份旱涝保收的工作。把这样一份国家干部的工作丢掉，去"下海"，一般人绝不会有这种想法，因为这无异于自断前程。

董明珠当然不是盲目地就做出了这个决定，家人担忧的这些问题她也都考虑过。但最终，性格中要强的那部分决定了她的选择，她愿意去冒险，愿意为自己的选择作出最大的努力。于是，1990 年，董明珠毅然辞掉了化工研究所的工作，把 8 岁的儿子留在奶奶身边，一个人独闯深圳。这一年，她已经 36 岁。

最初，董明珠并没有选择珠海，而是选择了深圳，这是因为当时的深圳是改革开放的前沿阵地，大多数人选择的淘金地都在那里。到了深圳之后，刚开始董明珠并没有离开化工这个老本行，在一家化工企业做管理工作。这时候的董明珠怎么也不会想到，不久之后她会跟此前毫不熟悉的家电行业联系上，并因此功成名就。

前格力时代

在董明珠还在深圳打工的时候，离此不远的另外一个珠三角洲南端的沿海开放城市珠海，也正在被改革的大潮席卷着。只不过跟喧嚣的深圳比起来，珠海的节奏要慢一些，所以，国有经济的特色也更为显著。

在董明珠南下深圳这一年，“格力”这个商标刚刚诞生，说到这，有一个人不得不提，他就是一手创立了“格力”这个品牌并将其发展起来的朱江洪。

作为我国最早实行开放政策的四个经济特区之一，珠海在上世纪八十年代中期渐渐开始加快了发展的步伐。1985年，珠海市政府决定以公司为主体开发北岭工业区，就这样，珠海经济特区工业发展总公司（以下简称特区工业总公司）——珠海格力集团公司的前身诞生了。格力集团的使命，是发展珠海特区的工业，壮大珠海特区的经济实力。

当时的北岭工业区基本是一片荒地，特区工业总公司的诞生，很快带动了房地产项目在这一地区的兴起。同时，身处特区的独特环境，以贸促工方式的广泛应用，也使特区的贸易业得到了发展。从那之后，工业、房地产、商贸“一体两翼”的产业结构便开始在特区工业总公司这片土壤中生根发芽。

同一年，特区工业总公司旗下成立了国营冠雄塑胶有限公司，最开始主要为电视机、录音机企业做配件，后来又给风扇企业搞配套。冠雄公司当时有一百多名员工，机器设备也比较先进，但是却因为经营管理不得力，导致成立了三年，不仅没赚到钱，反而亏损了200多万元。公司亏损，发不出工资，迫于生计，许多员工都只好到拱北海关关口去倒卖香烟谋生。

这时候，拯救冠雄的人出现了。1988年，朱江洪卸任广西百色矿山机械厂厂长，返回珠江，随即被特区工业总公司任命为冠雄公司总经理。上任之后，朱江洪立即改变了之前为其他机器厂商做配件的经营方向，而是带领员工迅速开发以注塑件为主要附件的一系列家用电器产品。这一经营方向的转变，很快让冠雄公司扭亏为盈。朱江洪上任一年后，便让冠雄公司赚了70多万元，1990年在此基础上翻了六七倍，达到400多万。

既然已经有了自己的商品，那么商标的注册就要提上日程了。当时，朱江洪给冠雄的产品想了一个“海乐”的商标，可惜被别人抢先注册了，后来，朱江洪又想到了“格力（GREE）这个商标。“格力”同时也得到了特区工业总公司的看中，于是，便成为了整个集团的商标。

在冠雄公司此前陷入困境的时候，特区工业总公司旗下成立了另一家企业——海利空调器厂，时间是1987年。海利空调器厂的规模跟冠雄公司差不多，大概有一百多名员工。1990年，海利空调器厂开始投厂，当时只有一条落后的窗机组装生产线，年产空调还不到2万台，销售收入2000多万元，而且其中有相当一部分收不到现钱。经营不理想，跟海利空调的质量不过关有很大关系，曾有一批空调里面的铜管竟然因为运输过程中的些许越颠波而被震断了，客户安装之后根本无法启动。另外，当时的空调噪音非常大，夜深人静时启动就像飞机在头顶来回盘旋一样，非常扰民。

总之，鉴于各种原因，海利空调器厂一直未能朝着预期的方向发展。1991年，带领冠雄公司从低谷走出的朱江洪再次临危受命，特区工业总公司决定让他兼任海利空调器厂厂长。随即，冠雄公司与海利空调器厂合并，格力集团电器股份有限公司（以下简称格力电器）正式成立。

时间倒退到一年前。1990 年，在冠雄公司与海利空调器厂合并之前，董明珠已经是海利空调器厂的一名业务员了。当初，来到深圳后不久，一个偶然的机会，董明珠到珠海来替一个朋友办事。这次珠海之行，让她对这座城市产生了一种莫名的好感。虽然这里比不上深圳的发展速度，但是恰恰是这种闹中取静的感觉让她觉得很舒服。所以，她做出了一个重要决定，离开深圳，到珠海来发展。就这样，她来到珠海，应聘到海利空调器厂，成为一名最基层的业务员。

刚刚成立的格力电器还只是一个小角色，在当时的主流市场上，连配角的身份都算不上。当时，春兰、华宝等国产大品牌才是真正的主角，年产销规模都在几十万台，年产值也都上亿元。另外，高端市场则一直牢牢掌握在三菱、松下、日立、夏普等洋品牌手中。

一个刚成立的小空调厂，一个刚上任的厂长，一个刚入职的基层业务员，在当时，这三者之间原本不会有什么密切的联系。但是，很快，董明珠就打破了这一“僵局”，格力电器开始因她而改变。

营销女皇：董明珠走过的路不长草

励志箴言：认准一件事，不轻言放弃，遇到再大的困难也会坚持下去。拥有了这种品质和心态，成功就会不请自来。

做业务员的岁月

来到珠海，董明珠之所以选择空调营销这个行业并不盲目，而是经过仔细考量的。虽然当时她对这个行业根本一无所知，但是凭着天生对市场的敏感，她超前地预见到了空调这一新生高端事物的发展前景。当时，全世界都在说一个词——温室效应，在当时，这个词绝对能够排到全球热词榜的前三名。既然天气会逐渐变暖，那么空调迟早有一天会走进寻常百姓家，面对这么庞大的一个消费群体，这里面自然会有很多机会。就这样，董明珠选择了这个行业，并从此一发不可收拾。

当然，对于任何一个刚入行的新人来说，总要有一个适应的过程，董明珠也是如此。面对这个陌生的行业，董明珠既希望自己能够尽快适应新环境，但同时又有一些担忧。因为她听说，搞营销就是“跑业务”，“业务”要想跑成功，就必须学会在酒桌上八面玲珑。董明珠不喝酒，而且，传统体制的多年浸淫已经让她成了一个办事很有原则性的人，所以刚开始她不确定自己能不能适应营销这个行为。而对她来说，这还不是最大的难题，最大的难题是她不熟悉商人的心态和做事方式，所以不知道该怎么去跟他们沟通交流。

面对这些现实而紧迫的问题，董明珠感到了一丝茫然和无助。好在这时候，公司把她交到一个老业务员手上，让她跟着这个老业务员一起去跑市场，以便尽快熟悉业务。跟着这个老业务员天南海北的跑了几次之后，董明珠终于摸清了一些行业规律。入职一年之后，1991 年 7 月，她开始了独自出差，目标是北京和东北地区。虽然第一次出差时又是中暑，又是摔出了骨裂，但她依然坚持着跑完了目标市场。

功夫不负苦心人，经过半年的辛苦努力，董明珠和那位老业务员共同完成了 300 多万元的销售额。这个业绩在当时已经算很出色了，但对于董明珠来说，这半年的辛苦换来的不仅仅是销售业绩，更重要的是，让她熟悉了空调的安装、配置、使用和维护方面的相关知识，也让她懂得了与不同的经销商打交道的技巧。所以，经过半年历练的董明珠对自己充满了信心，也对未来充满了信心。

追讨欠款显能力，改变行业规则

上世纪 90 年代初期，中国企业面临的最大问题不是如何发展，而是如何解决企业间的“三角债”。说起“三角债”的形成就不得不提一提当时的一种营销模式——赊销。当时，有许多企业最终都失败于此，因为赊销很容易让企业的生产经营陷入一个恶性循环的怪圈。

作为那一时期刚刚起步的格力电器，自然也没能逃出这个“魔咒”。跟许多家电企业一样，当时的格力电器也还只处在“铺货阶段”，货能不能铺下去，基本还得靠业务员与销售商之间能不能打好交道。

当时，国内大多数一、二线城市的空调市场基本都已被春兰、华宝等品牌占领，格力作为一个新生品牌根本无法与之抗争。所以，只能往三线城市和一些县域地区发展，这些地区的经销商在实力上自然要比大城市的差许多了。所以，往往业务员费了九牛二虎之力把货铺了下去，拿到的也只是一堆欠条。而且，这还不是最糟糕的情况。有许多经济实力很差的销售商，手上根本没有流动资金，只靠着赊销来做无本生意，他们的经营方式就是拆东墙补西墙。遇到经营情况好的，账款还有希望要回来，可遇到经营不善或毫无信誉的经销商，很可能就会变成死账。

当然，也有一些具备经济实力的销售商，但他们也很少会痛快结账，而且因为他们要的货量比较大，所以更有资本来跟业务员谈判，要求先发货，后结款。业务员在销售提成的刺激下，当然想出更多的货，好不容易碰到这样的大客户，多半会无条件妥协。这样做的结果就是，让这些销售商平白占用格力厂家的资源发展了自己，到最后却把正常的账目拖成了呆账，如果厂家想要之前的货款，他们就会提出继续追加发货。

长此以往，格力电器就这样陷入了一个恶性循环的泥潭：货出得越多，账面上的应收款项就越多，结果导致企业的生产经营越来越艰难。而对于业务员来说，如果账款收不回来，也给他们带来了巨大的压力。

正是在这种情况下，董明珠被派到了安徽开拓市场。尽管此时的她已经褪去了刚入行时的青涩，而且已经有资格独立去开辟一片市场，但面对安徽这个市场她并不乐观。在这个整体经济发展较为落后的省份，在空调还被视为奢侈品的上世纪90年代，那里的市场空间能够有多大，可以想见。更糟糕的是，刚来到安徽，还没等开拓市场，一笔42万元的欠款就摆在了董明珠面前。

这是一笔前任业务员留下的烂账，其实董明珠可以不管，而且即使追回来她也得不到一分钱。但是，她想通过追要欠款这件事来试一试自己的能力，也摸摸安徽这些经销商的底。于是，一场追要欠款的拉锯战正式打响了。

拖欠这笔款项的是合肥的一家电子公司，规模不小，但还款的态度却很不积极。第一次与对方总结理见面时，董明珠便开门见山，提出对账结款的要求。没想到对方表现出一副很吃惊的模样：“对什么账？我代销人家的几百万、上千万的产品，压在库房里，也没谁敢说要对账。”董明珠当然不甘示弱，继续据理力争，可是对方不再给她机会，以开会为由结束了谈话。

双方第一回合的较量，董明珠落于下风。面对这种“无赖”行径，董明珠很生气，可是她也知道，生气解决不了问题，对付这种人，必须采用软磨硬泡的方法：你无赖，我就比你更无赖，天天去找你，不给钱我就跟你耗。就这样，她在对方公司整整坚守了四十天，这期间对方不是避不见人，就是拿“明天退货”之类的话来搪塞她。可最终就是六个字——不结账，不退货。

这一边，钱和货都要不出来，而更大的损失是，为了这件事，董明珠根本无暇去开拓新的市场，时间和金钱都造成了损失。所以，董明珠也委屈，也想过放弃，可是要强的性格最终让她坚持了下来。

对方的总经理避而不见，董明珠只好转变策略，转而开始与对方公司的员工进行接触。经过跟对方公司的会计、销售以及库管人员推心置腹的沟通，董明珠的真诚感动了他们，也让他们感到了愧疚。在董明珠的成功“策反”下，对方员工开始偷偷地告诉她总经理的行踪。终于有一天，董明珠把那位总是躲着她的总经理给堵住了。可这位总经理还是推托，董明珠多日来的委屈、愤怒在那一刻全部爆发，她强硬地表示，这一次一定跟定他不放。最终，对方被她的气势打败，同意退货，并说马上组织人手办理此事。

董明珠害怕对方再要什么花招，拒绝了对方自动退货的要求，她自己雇车并亲自带着工人来到对方公司的大仓库，开始一件一件仔细查找格力的产品并搬上车。最终，经过仔细清点，这批货已经损坏了大半，但这种结果也要比变成死账好很多了。

经此一役，董明珠立刻成为公司里的大明星，上至管理层下至员工都开始对她刮目相看。而对董明珠自己来说，这件事无疑更加坚定了她对营销事业的信心。

不过，当时所有人都没想到，这次看似普通的讨债事件带给董明珠以及整个格力电器的好处还远不止于此，它就像是“蝴蝶效应”里的那只拍着翅膀的蝴蝶，最终引发了一场龙卷风。通过这件事，董明珠开始思索在整个生产营销系统中厂家的处境，如果不解决赊销的问题，那么作为厂家，格力电器永远会处于市场中的被动地位。而要想彻底改变这种状况，就必须要重新制定游戏规则，放弃赊销，实行先款后货。可是，在当时那种整个行业都在实行代销制的情况下，格力电器作为一家没什么号召力的小公司想要改变这种营销方式，几乎是不可能完成的任务。但倔强的董明珠却不信这个邪，虽然这条路不好走，但继续赊销也几乎是死路一条，那为什么不去试一试呢，说不定会有一线生机。

经过讨债这件事，董明珠意识到，再也不能跟这件不讲信用的经销商合作了，一定要找到那些有经济实力、有经营能力、有服务意识，最重要的是讲信用的经销商。接下来的整整一个月，董明珠为此进行不断的考察，几乎跑遍了安徽省境内的所有大中小城市。可是当经销商听了她先付款后发货的条件之后全都连连摇头。事先，董明珠已经预料到了会发生这种情况，所以即使一次次碰壁她仍然没有灰心，还是继续微笑着去敲下一个经销商的大门。

功夫不负苦心人，终于，一家淮南的电器商店的经理被她的诚恳和勤奋打动了，答应了她提出的条件，并一下子进了20万元的货试销。但前提条件是，如果销路不好可以随时退货。拿着这张20万元的支票，董明珠兴奋的心情无以言说，但同时她也意识到了很大的责任，她不能辜负对方的信任。

当时格力的品牌还没什么知名度，如果仅仅摆在那里很难吸引顾客，卖不出去经销商会失望，自己的压力也会更大。所以签完合同后，董明珠没有坐等经销商的销售情况，而是一次次登门，出谋划策帮助经销商把货尽快卖出去。她想到了一个好办法，那就是动员经销商发动自己的员工把格力的空调先推荐给自己的亲友试用，她相信格力空调的品质，一定会让他们满意。到时候，他们再推荐给他们的亲友，一传十，十传百，就不愁销路了。果然，这一策略取得了极好的效果，这家经销商进的20万元的空调很快便销售一空。经销商十分感激董明珠的跟踪服务，觉得卖格力的商品比其他品牌的商品省心多了，于是又进了一批货。

这次成功的营销为董明珠先款后货的策略成功打开了一个突破口。接下来，她用这个成功的案例再次说服了更多的经销商。渐渐地，先款后货的营销方式被董明珠运用得越来越得心应手，这成了她在格力电器设立的第一条商规。从此，在她的营销生涯中，再也没出过现过一笔应收款，赊销、欠款，这些之前主导着格力电器营销的概念正在逐渐消失。

结盟供电局，完善售后服务

1992年的夏天，仅在淮南董明珠就完成了240万元的销售额，同时在安徽的其他城市也战果甚丰。但是，董明珠并没有躺在这个业绩上睡大觉，她始终在琢磨和研究更有效的营销方式，在与铜陵的一些经销商和客户沟通之后，她发现了一个新的机会。

当时在铜陵，买空调是一件很繁琐的事情，因为买之前要通过当地供电局的审批，而审批的手续相当麻烦，耗时耗力，由此董明珠想到了一个好主意。当时许多国家机关都开始兴办自己的经济实体，当地的供电局也在此列。既然空调与供电局的关系这么紧密，何不把供电的经济实体变成格力电器的经销商，让他们直接销售空调呢。这样既开辟了新市场，同时也让客户在购买空调时化繁为简，一举两得。

想到就做。董明珠立刻与当地供电局取得联系，供电局对这桩送上门来的生意当然没理由拒绝，很快，双方就签订了第一笔 50 万元的合同，先款后货。接下来，她又开始想方设法帮助对方开展业务，包括培训售货员、指导服务、组织安装维修队伍，帮助对方组建了完整的空调经销服务网络。

客户在这里买了空调之后，商家会在第一时间派出专业人员上门安装调试，直至客户满意。当时，大多数商家的注意力都集中在销售这个环节上，对售后基本从不问津。所以，董明珠帮助供电局组建的这种从销售到售后服务一体化的营销团队，一下子得到了消费者的高度认可，进而也带动了产品的销售。在与铜陵的供电局合作成功后，董明珠迅速把这一经验运用到安徽省内的其他许多城市，同样战果辉煌。

就这样，在董明珠的积极努力下，整个安徽市场基本已经被她打通。在董明珠为了开拓市场而积极努力的同时，格力的产品质量也在不断的提升。在这两方面原因的带动下，格力品牌在安徽声名鹊起，这便引起了当地一些有实力的经销商的注意，高端市场就此被成功打开。其中有一个经销商，跟董明珠见过一面之后，立即决定打款进货，而且一笔就是 125 万元。其实，在此之前这位经销商对格力这个品牌几乎是一点也不了解，但是见过董明珠之后他觉得，既然格力电器的业务员水平都这么高，那么这个公司的管理水平一定更高，生产出来的产品自然也会非常好。事实证明，他的判断是正确的，这一笔生意就赚了几十万。

结盟江苏五交化，突破南京重围

1992 年，是董明珠独立开辟市场的第一年，这一年她在安徽的销售额突破了 1600 万元，这一数字占整个公司销售业额的 1/8，格力电器的“金牌业务”由此诞生。

对于她这样能力非凡的“金牌业务”，公司当然不会浪费。当年深秋，董明珠就被派到了一个更广阔同时任务也更艰巨的市场——南京，到那里去为格力电器打通销售渠道。

1992 年，改革开放已经走过了十多个年头。这一年，邓小平第二次南巡，并发表了重要讲话。此后，改革的春风在广东沿海一带越吹越强劲。在此之前，空调作为高耗能产品被国家产业政策列为限制发展、消费的家电品种，市场需求大多以企事业单位为主，普通家庭用户所占比例很少。当时，据中国家用电器协会统计，截至到 1991 年底，国内空调器的社会拥有量为 446 万台，其中 384 万台为集团拥有，普通居民家庭拥有量仅为 62 万台，但随着居民生活水平的不断提高，普通家庭必将势不可挡地成为空调购买的主力军。由此可见，这个市场有着巨大的潜力可挖。

格力电器自然也看到了这个机遇，于是开始加紧扩大生产规模，建造了一个占地 10 万平方米的新厂，总投资高达 3 亿元。新厂建成后，空调的年生产能力由原来的 2 万台一下窜升至 100 万台。生产能力提高的同时，需要开辟更大、更多的市场，这才是公司能否真正发展起来的根本所在。于是，像董明珠一样的业务精英注定要肩负更大的责任。

从表面上来看，南京是一个非常理想的空调目标市场。一来，这里夏天异常炎热，被称为四大火炉之一。二来，当时整个江苏省的经济在全国都是排在前列的，在这种大环境下，人民的消费观念自然也相对超前。总之，这里的市场前景跟安徽比起来要好很多，可是 1992 年，格力电器在南京的销售额仅有300多万，连安徽的1/5都不到。

回到南京，董明珠一方面感到非常高兴，因为这样就可以就近照顾儿子和母亲了；但另一方面她也感到了很大的压力。因为当时产自浙江泰州的春兰空调在此已经是家喻户晓的品牌，产自广东顺德的华宝也有相当的知名度。春兰的前身是浙江泰州的一家冷冻设备厂，1985年时还是个年产值只有1000万的小厂，但自从1986年开始生产空调以后，年产值就开始节节攀升，到1992年时已超过10亿元。广东顺德的华宝的知名度和年产能力紧随其后，国内第一台分体式空调机就是华宝于1988年制造出来的。

面对两大实力品牌，格力电器不要说在这里攻城掠地，就是想站稳脚跟都不太容易。而且，南京不比安徽，这里的经销商全部财大气粗，根本不把厂商放在眼里，一律先发货后付款，丝毫不容商量。董明珠在安徽制定营销原则面临着巨大的挑战。但是，董明珠同样没有丝毫退让的想法，她就是愿意啃这样的硬骨头。为了能在这里打开市场，董明珠付出了比以往更多的努力。最终，突破口在太平商场被打开。

当时，每年年底，春兰空调都会在南京举办订货会。1992年的年底，董明珠在春兰订货会上认识了江苏五交化总公司的业务经理。当时，江苏五交化在行业内很出名，实力雄厚，批发网络健全。如果能跟他们进行合作，无疑会让格力电器搭上一趟顺风车。于是，董明珠开始极力向这位业务经理推荐格力的空调。初步了解了格力电器的情况之后，江苏五交化总公司派人对格力电器进行了考察，然后提出了做格力空调的江苏全省总代理，并保证年销售额不低于1000万。如果合作成功，这绝对是一单大生意，但是朱江洪刚开始并没有同意，原因是对方提出了一个额外的条件，那就是如果销售额超过1000万，超出部分要另外给付0.5%的奖励。朱江洪觉得不能开这个先例，否则日后其他省份的经销商也会提出这个要求。但董明珠对此却有着不同的看法，她认为江苏五交化提出的条件虽然有些高，但是鉴于格力电器在江苏省的知名度以及市场上的压力，如果不同意，就很难再有机会去打破现有的僵局。最终，她力促朱江洪同意了这桩生意。

双方签约之后，江苏五交化立即将第一笔预付款打了过来，整整200万。从那之后，董明珠把主要精力都放在了组织货源、调配品种和协助对方一道发展二级经销商上面，摩拳擦掌，就等着在1993年打一场胜仗了。

1993-1994，价格战硝烟不断

1993年，南京市场的空调大战如期而至，而且战况的激烈程度完全超出了董明珠之前的想象。这时候，一家民营电器商场——苏宁横空出世。刚刚成立3年的苏宁在1992年就创下了过亿元的营业额。1993年，苏宁乘胜追击，在上半年便打了一场漂亮的价格战。

1993年年初，空调的销售旺季还远没有到来，苏宁就开始投放广告，四个月的广告费用就超过了50万元。“要想夏天过得好，去到苏宁买空调”成为南京各大媒体的头版头条。苏宁的“王牌”就是低价。以当时华宝的一款空调为例，苏宁的广告价格为5562元一台，比一般市场价足足低了700元。

为应对苏宁的低价策略，南京八家主要的国有商场联手成立了“南京家电拓展协调委员会”，联合降价对抗苏宁。面对强敌，苏宁不甘示弱，跟进降价，并承诺全城最低价，消费者如发现例外可支付差价。最终，苏宁成为这场价格战的赢家。降价开售的第一天，苏宁的空调销售额就突破了1000万元。1993年的前四个月，销售额达到9000万元，截至年底，这一数字更是激增到3亿元，南京空调市场的七成份额被苏宁紧攥在手中。

面对这场如火如荼的广告战和价格战，董明珠一直作壁上观，因为这场价格战已经把空调的利润降到了谷底，原来商家卖一台空调最高可获利

千元，而在这种价格战的“血洗”下，商家卖一台空调扣去税收只能赚几十元。董明珠知道，格力电器还没有这个实力去参与这种竞争。受此次价格战的影响，江苏五交化的格力空调批发生意一直也没开张，董明珠也很着急，但是迫于形势，一时间也想不出更好的应对方法，只能先静观其变。

有时候，面对困难不作为，并不是没有能力，而是想要把风险最小化。所以，暂时的等待的隐忍，反而会等到很好的结果。

在价格战如火如荼地进行了半年以后，南京的空调大战在当年6月突然戏剧性地结束了。更让许多人想不到的是，在这酷暑即将到来之时，南京的空调居然脱销了。随后，包括苏宁在内的南京所有商场的空调价格都开始悄然回升。对于江苏五交化、格力电器以及董明珠来说，这无疑是一个绝对利好的消息。

最终，1993年格力空调在南京的销售额达到了3650万元。加之来南京时说好了，她只是兼管这里的市场，安徽仍是她的主战场，而安徽在这一年的销售额达到了5000万元。南京和安徽的销售额加在一起，董明珠的销售额占到全公司的1/6，仍然排在公司销售业绩的第一名。从此，整个江苏市场成功打开，格力电器的发展也就此迈上了一个新台阶。

经过硝烟弥漫的1993年，董明珠期待着格力电器能够在下一个年底再创销售辉煌，可是她没想到的是，一轮更加更加激烈的价格战即将打响。

1994年一开年，老天爷似乎就开始跟所有空调厂商唱反调。春节过后，全国许多地方都一直持续阴雨低温的天气，很多人都预言这一年会出现少有的“冷夏”。“冷夏”对于空调销售来说，无疑是最大的“敌人”，所以市场的冷遇可想而知。市场的爆冷，让许多空调厂商开始想方设法应对，最好的策略当属降价以促销售。于是，以广东科龙为首的空调厂商率先在南京展开降价攻势，有的产品降价幅度甚至高达20%。随后，其他一些主要品牌也开始积极响应，许多进口品牌也参与其中。

当时，全国空调年产量加上进口空调的数量加在一起高达700万台，而市场需要预测仅有200万台，竞争的激烈程度可以预想。当时，格力的仓库和车间里放满了滞销的空调。在这种形势之下，似乎降价已经迫在眉捷，而这几乎也成了上至总经理、下至业务员乃至经销商的共同心声。

此时的董明珠已经全面接管整个江苏市场，朱江洪知道，如果要在江苏降价，一定要征求董明珠的意见。于是朱江洪专门打电话给董明珠，跟她说了这一情况。董明珠当然也已经了解了市场的低迷情况，但通过对市场的走访调查她发现，即使许多品牌都大幅降价，但是市场的销售情况依然不见好转。由此她得出一个结论：市场的低迷不是因为价格的问题，而是因为天气的原因，所以想依靠降价来促进消费是不可行的。因此，董明珠并不同意降价这一策略，她向朱江洪汇报了自己对市场的调查结果，也说出了自己不支持降价的理由。最后，朱江洪决定支持她。

董明珠之所以坚持不降价，一方面是因为对市场有足够的了解，另一方面也因为她对格力空调的质量很有信心。最终，市场证明了董明珠的坚持是正确的。刚过六月，南京首当其冲热了起来，随之而来的就是空调的火爆销售。

就这样，在1994年，董明珠的销售业绩突破亿元大关，达到了1.6亿元，占到全公司销售额的1/5。而格力电器也因8亿元的销售额位列空调销售的第一梯队，与春兰、华宝并列行业三强。

对于董明珠取得这个非凡的成绩，甚至有一种传言说，没有董明珠就没有格力。但董明珠自己却把成绩的取得与朱江洪的信任和支持紧密地联系到一起。“如果没有他的多谋善断，不耻下问，我这个普通业务员的呼声也不会得到采纳。”

从1990年进入当时还叫海利的格力电器，到1994年，董明珠仅用了短短四年时间，就从一个对营销一窍不通的“菜鸟”升级为销售业界的“大咖”。当然，她的成功跟整个行业的新兴和发展不无关系，但更多的靠的是她的勤奋、真诚、坚持和不屈不挠。在这个过程中，董明珠也明白了一个道理，那就是企业的经营发展仅靠成功的营销也是远远不够的，同时与产品规划、品牌建设、企业文化建设等方面息息相关。

此时的董明珠已经不仅仅是以一个底层业务员的眼光来看待企业的发展，她已经具备了一个企业管理者应该具备的所有特质。而在不久的将来，她的这种特质也终于有了用武之地。

初掌大权，开拓新局面

励志箴言：当你是一名普通士兵时，你要做的就是听从上级的指挥；而当你成为指挥官，那么你要做的就不再是上阵杀敌，而是运筹帷幄。所处的位置不同，思考的方向和问题就要随之变化。

坚守格力，临危受命

1994年，对于格力电器来说，注定是不平凡的一年，因为它受到的关注一浪高过一浪。一方面，从销售业绩和行业排名来讲，格力电器无疑是成功的，受到关注也在情理之中，这种关注是充满正能量的。而它所受到的另外一种关注却充满了负能量和变数，因为从某种程度上来说，它关乎整个公司未来的走向。是福是祸，当时无论是谁都无法作出判断。

这件事便是格力电器发展历史上著名的“集体辞职”事件。当年秋冬之交，公司主管销售的副总经理和营销部的8名业务员、2名财会人员集体跳槽到对手公司。并在随后新东家的空调订货会上，将前几天参加格力订货会的340名经销商中的300名全部挖走。事态的严重程度由此可见一斑，格力电器内部立刻进入紧张状态。

员工跳槽是任何企业都无法避免的一种情况，究其原因大多与对待遇不满有关，格力电器的这次集体跳槽事件也正源于此。虽然在 1994 年公司取得了几亿元的销售业绩，但是作为格力电器的掌舵人，朱江洪知道，此时还远远没到躺在业绩上睡大觉的时候。所以，从公司长远发展的角度考虑，他决定将销售人员的提成从 1% 下调到 0.28%，然后把更多的钱投入到产品研发以及企业发展的其他方面，以期使整个企业的运转更加合理化、科学化。

这一举措自然引起所有销售人员的不满。因为在他们看来，公司之所以能够屡创高额的销售记录，全是他们的功劳，所以降低待遇是他们无论如何也无法接受的。

就这样，一方面，朱江洪认为，如果只把企业发展的兴衰与销售人员的努力挂钩，而无视产品的质量以及企业其他各部门的配合，那么企业是无法得到长足发展的；而另一方面，销售人员却认为产品质量虽然是打开市场的必要条件，但绝不是最关键的因素，产品能不能畅销最关键的还要靠营销，营销人员担负着企业的绝对命运。

道不同不相为谋，因此在广东中山的一个私营空调厂商的老总承诺，只要销售超过 3 亿就可以多给业务员 3% 的业务费外加 2% 的广告费之后，主管销售的副总带着手下干将集体跳槽。对他们的跳槽，朱江洪虽然无可奈何，但也表现得十分大度，毕竟对手公司给出的价码要比格力整整高出十倍，面对这种巨大的诱惑，很少有人能拒绝。

作为公司里绝对的“金牌业务”，董明珠在此次跳槽事件中自然成为最炙手可热的挖角对象，对手公司给她开价年薪 200 万。但是董明珠没有动心，她坚定地站在了朱江洪这一边。同时，在规劝准备跳槽的其他业务员时，她恳切地给出了三个理由：首先，企业没有对不起大家的地方；其次，朱江洪是个好老板；最后，大家长期在一起，有感情。这三个理由看似很简单，但却很有力度，从中也可以看出董明珠对格力未来发展的信心和对自身职业发展方向的判定。

任何一种形式的集体跳槽，都不可避免会对公司产生负面影响，格力电器自然也不例外。营销人员的集体跳槽，是格力电器发展过程中遭遇到的最大一次危机，对公司的正常运营造成了极大的负面影响：员工人心惶惶，公司营销业绩大幅削减。此时的朱江洪，也开始逐渐意识到企业中层干部队伍的建立和稳定对企业发展来说是多么重要的一件事情，当下最紧要的，是要立刻选出一名经营部部长，以稳定军心。

其实，对于经营部部长这个位置，朱江洪早就有意于董明珠。早在1992年的时候，朱江洪就曾提出让董明珠来担任这个职务，但当时正值安徽市场开拓的紧要时期，所以董明珠不愿回来。

这一次，朱江洪决定采用民主选举的方式选出一位最适合的人。而最终的结果自然也是他之前就已经预料到的，在格力电器，上至总经理，下至车间工人，在包括团结能力、工作能力、组织能力、管理能力以及综合能力的各项考评中，董明珠永远都是得分最高的那一个。因此，她的高票当选，绝对是众望所归。

就这样，当年10月，董明珠临危受命，出任格力电器经营部部长。

其实对于董明珠来说，出任这一职务，不仅意味着要冒很大的风险，因为此时的格力电器正值风雨飘摇、生死存亡之际；同时，如果单纯计算个人收入，她的损失也很大，在做业务员的这几年，最高时她的销售提成能拿几百万，可当了部长一年只能拿几万元，相差百倍。可即使是这样，董明珠还是义无返顾地上任了，因为她的职业目标远不止于做一个“金牌业务”，她更大的目标是，通过自己的努力可以让整个格力电器度过难关，获得重生。对她来说，职业理想和职业成就感，要比物质利益重要得多。

尽管表面上看，此次跳槽事件让格力电器饱受苦难，但从另一个角度来看，却也并不是一件坏事。因为正是通过这件事，才把董明珠推上了营销的领导岗位，而对于整个格力电器来说，她一个人的能力和重要性，要远远比那些集体跳槽的人加在一起要高出不知多少倍。从此，在董明珠和朱洪江这对“黄金搭档”的带领下，格力电器进入了一个新时代。

所以，说格力电器因祸得福也不为过。

精简队伍，开口要权

国有企业内部积重难返的管理问题亟待解决，也是朱江洪启用董明珠的一个重要原因。

格力电器是国有控股企业，内部关系网和人事关系盘根错节。企业刚刚起步时，无论是企业实力还是员工数量都很有限，因此在管理上出现漏洞的时候并不是很多。但随着格力空调知名度的不断提高，企业规模也开始不断扩大，这时候体制弊端日益显现，企业内部营销和管理方面的问题也开始不可避免地暴露出来。如果不能及时解决这些问题，那么之前取得的成绩很可能会丧失殆尽。

关于体制弊端这件事，董明珠早在当业务员时就已经察觉到了。1994年，整个江苏市场已经被董明珠全部接管。当时，有一个大户经销商汇了1200万元货款，却迟迟提不到货。这种情况在当时并不是个案，原因是许多业务员把精力都放在了发货这件事上，因为在当时能不能发货取决于业务员与经营部的关系。如果不能及时得到货物，很可能就此失去这个经销大户，董明珠当机立断，立刻给朱江洪打电话汇报情况。最后，在朱江洪的亲自过问下，才解了燃眉之急。有了这件事的教训，上任之后，董明珠首先意识到的就是要削减营销人员的权力。

同时，另外一个问题也让她更加坚定了进行营销制度改革的决心。

上任之后，查账之后董明珠发现，公司账面上的应收账款居然高达5000多万元，更严重的是其中有相当一部分账基本是死账。而且，各区域业务员的发货情况、回款情况基本都是一团乱麻。

当时的情况是，由于企业没有完善的管理制度，所以进货、发货基本都是业务员个人说了算，货在他们手中，主动权自然也被他们所掌握。所有时常发生业务员仅凭一张白条就可以出货的情况，结果导致许多货发出去了，却没有收到任何有效凭证，最终经销商不认账的情况，企业因此流失了多批货款，最高一笔高达100多万元。

董明珠上任后，彻底杜绝了这种赊销行为，所有出货必须先打款。同时，她决定精简业务队伍。之所以做出这个决定，是因为以往格力电器在营销时一直运用人海战术，利用大量业务员抢占市场。这样做在企业前期开拓市场时确实起到了不小的作用，但也随之产生了一些负面问题，比如使公司与经销商之间的关系变得越来越复杂，而且人员众多也给企业造成了很高的成本费用。

而且，精简队伍的好处远不止于此，因为这项举措的背后是董明珠对企业营销制度的改革：从靠业务员个人发展经销网转化为依靠制度发展经销网，即改变过去依靠业务员个人开拓市场的局面，全面导入营销依靠大户模式。经过精减，公司的经营部只留下了23名业务员，每人负责一个省。同时业务员的权限也大大缩减，只负责协调而不再负责发展经销商网络，对他们的考核也不再以销售额来衡量，而是要综合与经销商沟通的工作量，市场调研、价格监督的工作量等等因素。这项举措的实施，无异于杜绝了业务员可以用发货作为交换条件而从经销商处获得利益的情况，从而从根本上防止了市场出现失控和营销出现不稳定状况的发生。

当然，这一举措同样也遭到了许多业务人员的抵制，很快23人的队伍就流失了10个人。面对人才的高流失率，董明珠顶住了压力，将这一制度坚持下来。由于人少精干、管理严谨、训练有素，这支精简之后的营销队伍最终在市场的磨励中，最终以少胜多，占领了高份额的市场。

与精简营销同时进行的还有另外一项重要举措。当时，董明珠一直坚持先付款后发货的原则，但问题也随之而来，因为经营部与财务部是两个独立的部门，所以经常会发生货款先进入业务员的私设账户，体外循环一番之后才回到公司账户的情况。这就导致经营部不能在第一时间获知客户的货款是否到账，结果就会发生无法及时给客户发货的情况。因此，如何坚持先付款后发货，那么货、款不能同步结清的问题就会一直存在，这对销售管理造成的压力和困难是可想而知的。

因此，为了加速完善企业销售管理体制，防止财务出现漏洞，从根本上杜绝损公肥私的行为，董明珠向朱江洪阐明了其中要害，并开口向朱江洪要权：要求把公司全部的对外财务交到她手中。朱江洪当场表示同意，当然他信任的不仅仅是董明珠个人，而是她所阐述的利害关系。可是财务负责人对此十分不满：经营权、财务权都交给她一个人，那还有谁能控制得了她吗？朱江洪自然也有这方面的考虑，他向董明珠提出了财务负责人的担忧。董明珠给出的回答简单干脆：我欢迎任何人、随时随地的监督和查账。

作为格力电器的掌门人，朱江洪深知平衡内部中层管理人员的利害关系，于是他提出了一个折衷的办法：将财务部中人员、职能和收款这部分权力交到董明珠手中。各退一步，再没人对此提出异议。

三大经营策略，为格力保驾护航

上任经营部部长之后，董明珠不改以往做业务员时的拼命作风，依然每天只睡几个小时，其余时间全都扑在工作上。有时候，如果想到什么好点子，即使是半夜她也会跳起来拿出本子记下来，有时候甚至还会半夜打电话给朱江洪一起讨论。格力电器的许多营销绝招就是在这种情况下诞生的，比如“淡季返利”和“年终返利”两大举措。

与其他家电产品相比，空调具有一定的特殊性，即销售的季节性很强，从每年的9月到第二年的3月，有长达七个月时间都处于销售淡季。一般来说，为节约成本，工厂到销售淡季时都不开工，而到了旺季则开始24小时轮流倒。这便导致了淡季生产资金短缺，而旺季供货压力增大的局面。

鉴于这种情况，早在1991年，当时刚刚起步的苏宁就首创了向工厂淡季订货，反季节打款的商家新模式。从很大程度上来说，这也是苏宁能够在一众经销商中逐步壮大起来的一个重要原因。上任后的董明珠从苏宁的成功经验中悟出了一个门道，那就是实施“淡季返利”策略。所谓“淡季反利”，即依据经销商淡季投入资金数量，给予相应利益返还。这样做，既解决了厂家淡季生产资金短缺的情况，同时也缓解了旺季供货压力，同时也将一部分利益返还到经销商手中，一举两得。这项策略实施后，效果显著。1995年，格力电器淡季回款比上年提升3.4倍，达到11亿元，而这也为1996年与春兰总决战做好了市场准备。

不久，董明珠又开始在格力电器实施另一项重要的营销策略，即“年终返利”。所谓“年终返利”，就是在一个年度开始时，格力电器通过一定的形式向经销商作出一定的承诺，或经销商向格力电器提出要求并经厂方同意，全年销售不同的数量，便在年终给予不同比例的利润返还。具体内容是，格力电器根据经销商全年完成任务即销售量的大小，在销售年度结束时，依照事前的承诺给予经销商一定点数的利润返还。也就是说，经销商销的越多，年终格力电器返还的点数也就越高。1995年，实施这一策略后，格力电器共计将7000万元利润返还给经销商。在这一策略的鼓励下，许多经销大户被培养出来，格力电器的销售业绩因此再升一个台阶。

除“淡季反利”和“年终返利”外，董明珠在格力电器还实行了另外一种营销策略，那就是“模糊返利”。所谓“模糊返利”，即指事前并没有销售政策，最终返利还是不返、返利多少取决于厂方全年的利润状况、经销商的利润状况如何，厂家在年终的时候根据自身的赢利情况、经销商的业绩、当年经销商销售厂家的产品赚钱多少等情况，从利润中拿出一部分对经销商进行奖励。简单来说，就是将返还给商家的那一部分利润作为该商家下一销售年度的货款。这一经营策略虽然并不是董明珠首创，但她却在格力电器将其运用得炉火纯青。

通过“淡利返利”策略的实施，格力电器在 1996 年的淡季拿回了 15 亿回款，全年销售业绩比上一年增长 17%，第一次超过春兰。另外，1997 通过“年终返利”，格力电器拿出 2.5 亿元返还给经销商。董明珠认为：只有经销格力赚钱，才能长治久安。

通过这三大经营策略的实施，进一步增强了经销商对经销格力电器的信心，从而在很大程度上实现了销售业绩最大化。在董明珠上任经营部部长的第一年，格力电器的年销售额就达到了 28 亿元，业内排名从第八跃升至第二。1996 年，董明珠被提升为销售公司总经理，开始接管公司整体的售后和广告业务。

1996，格力的“生死之年”

在“淡季返利”、“年终返利”和“模糊返利”三大经营策略的刺激下，格力电器的营销模式已经悄悄由“业务员模式”上升到“大户模式”，这也是董明珠实施这一系列策略的根本原因所在。“大户模式”的不断发展，确实给格力电器带来了巨大的业绩提升空间。但同时，也留下了一丝隐患，而这一隐患在 1996 年全面爆发。

1996年，空调市场迅速扩张，全国空调年产量已接近2000万台，而市场需求仅有600万台，供大于求的矛盾越积越大。因此，市场已经完成了从量变到质变的转换，同时完成了从卖方市场到买方市场的过度。时隔两年，“冷夏”再一次出现。这一年的梅雨期持续了40多天，是我国历史上梅雨期最长的年份之一。这种天气状况，势必会在很大程度上影响空调市场的销售。

供大与求的市场内在格局，加之“冷夏”的外在因素，使得所有空调生产企业都面临着一场巨大的考验。降价，似乎再一次成为空调销售市场的主题。

这一次，领衔降价的依然是广东科龙，其一款产品的价格降幅高达33%，从6400元直降到4280元。科龙打出降价旗号之后，其他企业也开始纷纷跟进。与此同时，许多经销商迫于库存的压力，相互之间也开始展开了降价大战。面对大面积经营亏损，经销商们却仍然底气十足，因为他们手中还握有最后一根“救命稻草”——生产厂家的年终返利。这种赔本赚吆喝的价格混战的后果可想而知，生产厂家必将遭受巨大损失。

尽管格力电器在年初时已经决定继续实施“淡季返利”和“年终返利”的策略，但在出货价方面却一直未掉一分。面对市场上激烈的价格战，经销商们坐不住了，因为“淡季反利”和“年终返上”的策略只能让他们避免一些损失，却对利润无益。许多经销商对董明珠下了最后通牒：“除非马上降价，不然格力今年死定了！”

这时候，朱江洪因劳累过度住进了医院。经销商们便开始与格力电器其他一些领导商议降价事宜，并很快达成了降价3%的共识，但却遭到了董明珠的极力反对。她的理由是，一旦实施降价，一些大经销商就会抢先出货，对他们来说，只要把量做大，就可以得到厂家给予的补偿，即使赔本卖，也会有利可赚，而这对厂家则会造成很大的损失。同时，大经销商们的低价策略会使二、三级经销商受到严重的冲击，会使他们失去对格力电器的信心。总之，降价虽然可以暂时缓解库存压力，抢占一定市场，却绝对是后患无穷。

董明珠据理力争，终于说服了格力电器的领导层和绝大多数经销商。但是，有位经销商却不同意，而且态度强硬："我要什么政策，格力就得给我什么政策。"也不怪这位经销商这么狂傲，他还是有些狂傲的资本的。1995年他就开始与格力电器合作，只用了一年时间就成为格力电器最大的一位经销商，每年的销售额都上亿元，几乎占格力电器销量的1/10。

暂时的成功让这位经销商头脑发热，过高地估计了自己的能力。此前，他就曾利用资本实力大搞倾销冲击各地市场，严重破坏了格力电器的销售策略，不仅让许多中小经销商赚不到钱，也让格力电器损失不小。面对这个"冷夏"的到来，他故伎重施，一举向格力电器打入8000万元，目的就是为了等格力降价后大批囤货，从而独霸江苏市场。

董明珠早就看穿了他的真实想法，她绝不允许经销商反客为主。而且更严重的是，如果纵容了这一个经销商，那么就会有许多人开始模仿其做法，到时候格力电器很可能被经销商牵着鼻子走。如此一来，格力电器苦心经营建立起来的市场网络和品牌声誉很快会毁于一旦，后果不堪设想。

董明珠打定主意，无论实力强弱，所有经销商都应该平等竞争，绝不能姑息养奸。于是，她下令对这个大经销商停止供货。付了钱，却拿不到货，这位大户可从来没受到过这种待遇，他十分气愤。于是开始跟格力电器高层的一些领导接触，告董明珠的状，还威胁要放弃经销格力品牌。当从格力电器高层那没有得到明确的答复时，他甚至自己找上门来，与董明珠谈判。

大户的态度很强硬，刚一见面就表明立场：我这样的大户才是你们格力的后台，伺候好我们你才能坐稳现在这个位置，如果把我们都得罪了，你在格力还混得下去吗？大户以为恫吓一下，董明珠这个女人一定会乖乖就范，可他想错了。他太不了解董明珠，她当这个官并不是为了自己的福利，而是为了整个格力电器的发展，所以拿这个官位来威胁她一点用处都没有。董明珠明确表态：即使被撤职，也绝不让步。

大户一看硬的不行，便转变了策略，开始四处求情，还找到了朱江洪，希望他能看在这几年为格力电器销售出力的份上，网开一面。朱江洪禁不住他的求情，就跟董明珠说，给他一个机会。其实董明珠也知道，如果损失这个大户对格力电器来说也是不利的，但是，如果纵容他这一次，企业的整体形象和长远利益都会受到严重的影响，她绝对不会和这种缺乏责任感和良心的人做生意。于是，她当机立断，彻底封杀这个大户，停止对他的供货。

踢走这个大户，意味着一年将损失上亿的销售额，这一决定无异于引爆了一颗炸弹，惊呆了所有人。这就是董明珠，任你是谁，只要违反格力的原则，都绝不姑息。事实再次证明，董明珠的决策是正确的。尽管损失了一个大户，但却稳定了众多二、三级经销商的军心，从长远的角度来看，有益无害。

反观那些积极参与降价的厂商，无一例外全部大伤元气。他们惨败的原因也几乎职出一辙：大经销商为争夺地盘、扩大市场份额向厂家索取更高回报，纷纷使出批发价低于出厂价、零售价低于批发价的手段，相互倾轧，价格的一天三变让中小经销商苦不堪言，最终人心涣散，断送大片市场。经过此役，许多知名品牌遭到重创，其中属广东华宝败得最为惨烈。在降价的刺激下，华宝一边创出销售新高，一边承受着巨额亏损，从此一蹶不振，并最终被科龙收购。

坚守住价格并踢走大户的格力电器在1996年，全年销量97万台，销售额达55亿元，比上一年增长了17%，第一次超越春兰成为全国行业第一。

同时，与销售业绩同步提升并成为第一的还有格力电器的“全国市场占用率”、“产品质量评价”以及“售后服务评价”。而从长远角度来看，这几项指标才是格力电器日后能够真正做大做强的坚实基础。

经过一年的硝烟弥漫，格力电器于 1996 年年底在深交所上市。与此同时，生产基地扩建二期工程竣工，年产规模将超过 250 万套。从此，格力电器的发展进入了平稳时期。

格力模式，横空出世

励志箴言：企业发展的不同时期，需要不同的策略以顺应时代、顺应市场。正如人生在不同的阶段，要有不同的目标和方向一样。

在董明珠的自传《行棋无悔》中，她将格力电器从1992年起的营销模式概括为5个阶段：1994年以前的推销阶段；1995–1996年的大客户阶段；1996–1998年的规范市场阶段；1998–2000年的联合代理阶段；2000年以后的专业代理阶段。通过不断地演化，格力电器形成了自己的销售模式，被人们称为格力模式。

对于生产厂商来说，营销渠道就是企业致胜的关键所在，格力电器对这一点当然也十分认同。但是格力电器的渠道战略却有着独特鲜明的董明珠特色。厂家和商家在市场竞争中的博弈不可避免，但是董明珠的营销模式却把二者之间的冲突降到了最小化，因为在她主导的营销模式中，商家成为了厂家的延伸，二者结成了利益联盟。说穿了，就是有钱大家一起赚，但无论到何时何地，格力电器在这场博弈中永远要保持主导地位。而这就需要所有经销商都要认同格力的企业文化，董明珠对经销商提出的原则是：必须永远卖格力空调。如果三心二意，今天卖格力，明天卖其他品牌，今天卖空调，明天卖冰箱，那是绝对不允许的。面对这一强硬的条款，许多经销商曾调侃地把"好空调，格力造"改成"好空调，格力套"。

面对董明珠和格力的强势，尽管经销商们难免有抱怨和不满，但在执行这一原则时却毫不含糊，坚决照做。因为格力提供的产品质量可靠，经营作风稳健，制定的销售政策可以让经销商有利可图，有这样一个强大的后盾，经销商们自然没有任何顾虑，因此把所有的精力都放到了开拓市场上，从而逐步扩大了销售网络，获得了更大利益。

拥有了一支稳定、专业且持续发展的经销商队伍，格力自然不用再为销量担忧。但是，这支营销团队却不是在一朝一夕打造出来的。在企业发展的各个阶段，董明珠都为格力量身打造了不同的营销团队。纵观每一阶段的营销，在实施初期，因顺应市场需求，都为格力的发展做出了不少贡献。但在实施的过程中，却都出现了各种各样的问题，最终不得不被另外一种更科学、更合理的营销模式所取代。这种发展规律十分符合现代企业发展的趋势，而这也是格力一步步发展起来的根本原因所在。

1994 年之前，格力一直采用业务员推销的营销模式。在行业刚刚起步阶段，这种营销模式处于主导地位，在那一时期为格力开辟了不小市场。但到了 1994 年，国内空调市场行情已经发生了变化，生产空调的厂家和经销大户们纷纷踏入市场，格力的营销模式开始进入"大户阶段"，这一阶段格力的主要营销策略就是"淡季返利"和"年终返利"，效果甚丰。在"大户阶段"发展后期，为避免某个大户独大，扰乱市场，格力营销开始进入"规范市场阶段"。这一阶段的主要核心仍然是发展大户，但采用的策略是均衡发展，避免个别大户独大。同时，格力电器也开始扶植那些对品牌较为忠诚的中小经销商。在"规范市场阶段"后期，这种营销模式开始逐渐显现出故有弊端：一方面，区域间的窜货很难防范，另一方面，一区域内多家经销商之间为争夺地盘自相残杀很难避免。更为严重的是，有一些大户甚至动起了歪心眼，把格力空调从甲地运到乙地倾销，目的不为赚钱，只为打击竞争对手，并得到年终补偿。在这些大户的打压下，许多中小经销商只好放弃格力，改卖其他品牌，格力电器因此失去大片市场。审时度势，董明珠开始重新思考新的营销模式，“联合代理模式”应运而生。

“联合代理模式”的实施，彻底摒弃了之前依赖大户做市场的营销模式，而是开始在各地自建销售分公司。分公司成为当地市场的管理和服务者，只与当地二、三级经销商发生业务关系，并是当地货源的唯一出口。这种营销模式，很大程度上避免了内部大规模的价格战，保证了格力电器以及众多经销商的利益。后来，这一创新营销模式被称作“20世纪全新营销模式”。这种模式的核心内容是：格力输出品牌和管理，与商家共同出资组建、各占股份，年底共同分红。

这种营销模式把厂商和经销商的利益紧紧捆在了一起，达到了共生共赢，而且十分符合当时销售市场的情况，一经实施效果甚丰。以武汉市场为例，“联合代理模式”在此就大显神威。

1997年，格力电器在湖北一共有四个销售大户，分别是“航天”、“中南航运”、“国防科工委”和“省五金”，这四个经销商都是国有企业，每一家的年销售额都过亿元。但是在1995年和1996年连续两年的空调大战中，这四家经销商为抢占市场相互降价倾销，结果让整个湖北市场乱成一团，许多中小经销商和格力电器都受到冲击。

董明珠对湖北市场一直十分关注，因为这里地处中原，交通四通八达，一旦市场发生混乱，极易引发周边省市市场的连带混乱。情况紧急，董明珠亲自前往湖北市场考察。经了解发现，四大经销商都已经元气大伤，其中“航天”和“国防科工委”更是已经濒临倒闭。如果继续缠斗下去，那么这四个大户很可能无一幸免。绝不能让这种情况发生，董明珠立刻开始想办法。这时候，对格力电器来说最损失最小的做法是把他们全部扫地出门。但是，这样做无异于会让厂家、经销商和消费者三方都遭受损失。与其共同受损，不如将三方利益维系在一起，共同获益。即四家变一家，由格力电器控股，然后统一网络、统一价格对外批货。这样既可以整合各自的资源，又可以避免相互倾轧，更重要的是将各自的利益变成大家共同的利益，从而实现价格自律，服务自律。

打定了这个主意之后，董明珠把想法汇报给朱江洪，朱江洪大力支持，四家经销商也十分拥戴。就这样，1997 年 11 月，格力电器的第一家股份制销售公司湖北格力销售公司成立。湖北分公司的成立，不仅顺应了市场发展规律，而且顺应了天时。1998 年，全国迎来一个酷夏，武汉作为四大火炉之一，空调销售异常火爆。“联合代理模式”在此时发挥了威力，在确保了利润空间的同时也保证了销售秩序。最终，湖北公司当年的销售额高达 5.1 亿元，增幅达 45%。

湖北公司成功之后，董明珠立即把这一先进的营销模式在全国进行推广。截止到 2001 年，全国除上海、广西和海南以外，全部区域都成立了销售公司，并成为格力电器在当地唯一的经销商。这种营销模式的推广，不仅稳定了价格、维护了品牌形象，同时还提高了市场份额。

但是跟之前那些曾屡建战功却随着不断发展逐渐显现出各种弊端的营销模式一样，“联合代理模式”在实践中也很快出了问题，两种矛盾开始显现。一种是区域销售公司吸纳的经销大户之间在争夺市场时产生的矛盾，另外一种是合资公司股东之间的由于股份不同而故有的矛盾。这两种矛盾随着日积月累，终于爆发，从而使各销售公司出现了情况不同的内乱。

还是以湖北销售公司为例。湖北销售公司的几大股东都是销售格力空调出身，原本就对市场有着极强的掌控力，加之格力电器对其大力度的政策扶持，因此助长了他们的气焰，尤其在业绩屡创新高之后，财大气粗的他们开始与格力电器展开博弈。他们不再满足于单独代理格力的品牌，同时希望代理其他品牌。另外，他们还认为，凭借格力电器给他们的权力根本无法赚取更多的利润，于是低出、窜货、拒绝给下游经销商返点等现象频频出现。

到了2000年，湖北销售公司又想出了一个歪主意，开始借助格力的品牌效应搞“体外循环”，即将格力电器的资源转移到个人注册的小公司中去，然后利用格力电器的招牌、网络和经销格力电器敛得的钱财去经营某合资品牌的空调，从中牟取暴利。

获知此事后，董明珠十分生气，她决定立刻制裁湖北销售公司。但朱江洪这时提出了反对意见，他希望董明珠现给湖北销售公司一个机会，认为他们犯的错“罪不致死”，无非是想“多赚点钱”，批评改正就行了。可是湖北销售公司的胃口却远不止这样，他们自恃手中握有与格力电器谈判的筹码，便“狮子大开口”：首先要求格力电器同意他们在销售格力空调时同时代理其他品牌，其次，他们还要求把补贴给二、三级经销商的钱补给他们。这两个条件董明珠当然一个也不能答应，同时她限期湖北销售公司立刻整改。但湖北销售公司不仅不改正，反而变本加厉。2001年，他们又要起了新手段：重新选择了另一个空调品牌来经营，并且把这个品牌同格力的销售捆绑到了一起，即凡是经营格力空调的地方必须同时进这个品牌的空调，并且将其销量与格力的销量挂起钩来，甚至把那个品牌的产品摆进了格力空调专卖店的显要位置。

湖北销售公司的一意孤行，彻底惹恼了董明珠，她知道，如果不采取非常手段，那么其他区域的销售公司也会进行效仿，后患无穷。因此，董明珠当机立断，再次实施她的铁腕策略——取消湖北分公司，并立即成立了一家“新欣格力公司”取而代之，同时湖北销售公司的董事长和总经理被一同免职。在此后不到一年时间里，她用同样的方法相继摆平了安徽、江苏等地的销售公司。

面对各地销售公司的状况百出，董明珠不得不开始思考这种“联合代理模式”的合理性。很快，一种新的营销模式在她头脑中形成，即“专业代理模式”。这种代理模式并没有完全否定之前的“联合代理模式”，只是开始加强对各地销售公司的控制，同时在终端市场的专卖店建设上投入更大精力，从而促使区域销售公司从传统意识上的批发商向管理型公司转型。

2003年8月，董明珠开始逐步削弱各大经销商的力量，同时开始加强与二、三级经销商的合作关系，并加强发展专卖店、专营店等加盟连锁专卖终端。截止到2004年，格力电器在全国的专营店、专卖店已超过1000家，所占销售份额达到77%，成为格力空调的销售主流渠道。

2001年，就在各地销售公司纷争四起的时候，董明珠出任珠海格力电器股份有限公司总经理，这也为格力电器日后实行一系列铁腕策略奠定了基础。董明珠上任后，经过大刀阔斧的改革，使格力电器不断创造佳绩。从2001年开始，格力电器的销售额屡创新高，70亿、100亿、138亿、182亿，2005年更是达到了230亿元，并超越韩国品牌LG，一举成为空调行业的世界冠军。

创新才能发展，质量造就品牌

励志箴言：“不创新，勿宁死”，这是许多企业的座右铭。因为只有与时俱进，才能打造出跟上潮流、跟上时代、符合现代人需求的产品。

近几年，在许多国际家电巨头不断陷入倒闭潮的时候，格力电器却一直在快速发展，成为全球家电行业的“领头羊”。2013年，格力电器营业总收入高达1200.3亿元，同比增长19.9%。归属于上市公司股东的净利润为108.13亿元，同比增长46.5%。至此，格力电器已成为中国首家利润、税收双超百亿的家电企业。

格力电器之所以能够取得如此优异的成绩，与格力产品的质量一直处于世界先进水平有着直接的关系。大家都知道，格力电器拥有世界上水平最先进的空调制造的核心技术，这是它能够持续领跑国内空调产业的基础。而这一优势的获得，与董明珠一直在格力电器坚持的创新密切相关。

格力电器每年投入的研发费用高达40亿元。目前，公司拥有5000多名科技研发人员、2个国家级技术研究中心、1个省级企业重点实验室、4个研究院（制冷技术研究院、机电技术研究院、家电技术研究院、自动化研究院）、28个研究所、530多个实验室；拥有国内外专利9000多项，其中发明专利2500多项。这一切，基本都是在董明珠的主导下建立完善起来的。“对一家企业来说，技术才是核心，营销只是手段。”董明珠如是说。

“一个没有创新的企业是一个没有灵魂的企业”，这句话一直是格力企业文化的核心要素。刚刚创业时，格力在技术方面主要依靠“拿来主义”，即模仿国外空调产品，但并不是单纯的模仿，而是“拿”来世界名牌空调的部件，再经过格力自身的创新生产，然后将二者组合到一起。这种一半模仿，一半自主创新的生产模式，让格力的空调在创业初期就达到了国产品牌的一流水平，为日后得到众多经销商的认可奠定了基础。

但是，随着企业的不断发展，仅依靠外来技术已经远远满足不了格力空调的发展需求，而且总依靠外来技术，做得再好也永远成不了第一。而且，基于竞争的本质，别人不会把最先进的技术卖给你，买到手的只能是末流的技术。因此，想要在激烈的质量战中顺利胜出，就必须拥有自主研发的技术。

成立两年后，格力终于在1993年推出了自主研发的机型——“空调王”分体机。紧接着，1994年格力又推出了“灯箱画面”柜机。这两款机型一经推出，立刻引起市场轰动，反响甚好。从此，格力品牌的知名度开始初步建立起来。

尽管自主研发有了一定成果，在业界的知名度也逐步建立，但是跟国际上一些先进的空调生产企业相比，格力的技术水平仍然相距甚远。空调制冷最顶尖的技术就是变频多联中央空调，俗称“一拖多”。最早，这项技术在全世界只有日本企业掌握。

2001年初，重庆一家大型外资企业伏特公司面向全国公开招标购买50套“一拖四”多联式中央空调。谁能拿到这个标的，则意味着品牌知名度会更上一个台阶。于是，全国许多空调厂家参加竞标，格力也在其中。

但实际上，当时国内还没有哪个厂家拥有“一拖四”的技术，格力也只能做到“一拖二”。之所以参加竞标，大多是抱着试试看的想法，如果中标就花高价买国外的品牌，然后贴上自己的商标。这样算下来，也就只能赔本赚吆喝，换个广告效应而已。最终，格力中标，并为此付出了一百多万元的代价。

这种赔本赚吆喝的方法，一直是国内空调厂家的痛处。但是，技术不到位，就得继续承受这种尴尬。这时候，其实还有一种方法可以缓解这种无形的压力，那就是到国外买技术，格力决定试一试。

2001 年，朱江洪亲自带队前往日本，希望能够正式引进多联式中央空调技术，并开出了 5 亿元的高价。但是一向与格力合作良好的日本企业却一口回绝了朱江洪的请求。朱江洪退而求其次，希望日本企业能够把相关设备的配件卖给格力，可这一要求同样被拒绝。日本企业给出的理由是，此项技术是他们花了十几年的时间研制出来的，是企业的核心技术，绝不会转让给任何一家中国企业。对此，朱江洪没有理由继续辩驳，只好失望回国。

这次日本之行，在格力上上下下都引起了不小的震动，尤其对于企业管理层的触动十分深远。所有人都意识到，如果只依靠买回来的三流技术继续支撑，那么生产出来的产品永远低人一等，永远无法引领世界潮流。

对于朱江洪和董明珠来说，仅仅把格力打造成一个能赚钱的企业是远远不够的。他们的目标是把“格力”打造成世界名牌，要把格力打造成百年企业。如果没有核心技术的支撑，这一切无异于痴人说梦。所以，必须进行自主研发，再难也要上。

回国后，在董明珠的主导下，格力的技术攻关小组迅速成立，董明珠明确指示：无论花多少的代价也要掌握多联式中央空调的核心技术。

然而，俗话说得好，说起来容易，做起来就难了。在这之前，对于格力的技术人员来说，对多联式中央空调的技术的掌握几乎为零，没有图纸，也没有技术参数，甚至连用于带动多台空调运转的试验压缩机都没有。这条路行不通，格力的技术人员只好另辟他途，开始开发自己独有的数码多联式中央空调技术。于是，格力的近20位工程师开始以实验室为家，24小时不间断地进行实验，收集第一手数据，并运用新的智能控制、数字控制等技术解决能力计算、制冷剂精确分配、回油等数码多联机的技术难题。

在随后的试验里，格力决定提升空调的质量标准，追求标准极限化，于是放弃了国家和行业标准。既然是标准极限化，当然对产品的要求非常高：首先，从超过国家标准一倍的高度跌落，必须保持毫发无损；其次，要能够在48度的高温下以185伏的超低电压正常运转；另外，连续每秒数百次的瞬间断电，元器件不能受到影响；在85℃的高温下通过制冷效果测试，在零下25℃的低温下通过制热效果测试。最终，格力自主研发的技术达到了以上所有标准。

另外，格力技术研发人员还解决了日本企业都一直无法解决的“空调绝症”——空调死机问题。虽然空调死机的发生概率很低，但只要一发生，整个机器基本等同于报废。所以这个问题一直困扰着全世界的空调厂家，但因原因复杂，这个难题一直没被攻克。格力的技术研发人员决定试一试，他们拆开空调，想方设法还原各种能够让空调死机的环境，将成百上千个测试电极摆放在控制器CPU的周围，终于找到空调死机的原因和解决办法。

就这样，经过一年多的辛苦努力，2002年底格力终于自主研发出中国第一台数码多联式“一拖四”中央空调，从此中国企业打破了日本企业对多联式中央空调核心技术的垄断。十多年后的今天，国内空调企业中掌握这项技术的仍然很少。

自主研发技术越来越成熟之后，无论是家用机还是商用机，无论是窗体机还是分体机，美国、日本能生产的，格力都能生产，而且技术已经远远超过了他们，占领了技术的制高点。在产品更新速度上，格力也已经处于世界领先水平，相关产品规格的研究设计周期一般在8个月之内甚至更短的时间内就能完成。

除了自主研发，董明珠对格力产品的质量也一直严格把关。格力能够从一个名不见经传的小厂发展成世界知名的空调企业，从始至终依靠的就是过硬的质量。

从1995年开始，格力便开始推行ISO9000质量管理体系。1996年，格力通过了SGS国际认证服务公司、中国兴轻质量体系认证中心、中国轻工质量认证中心的认证审核，获得ISO9001质量管理体系认证证书。在董明珠出任公司总经理之后的2004年，格力又通过了SGS国际认证服务公司的认证审核，分别获得ISO14001:2004环境管理体系和OHSAS18001:1999职业健康安全管理体系认证证书。2006年，获得国家质监总局颁发的特种设备制造许可证（压力容器）。2007年，又获得禁用物质管控体系证书。2008年，获得BRC全球标准–消费品：第二类产品证书。

“出精品、创名牌、上规模、创世界一流水平”，是格力一直秉承的质量方针，目的就是为了不断追求完美的质量管理。为此，在董明珠的主导下，公司成立了企业管理部、质量控制部等相关部门，目的就是为了保证格力的产品质量永远处于最佳状态。其中企业管理部负责建立、监控和完善公司内综合管理体系，建立对供方的质量管理体系，全面推行质量管理工作，不断提升公司及供方整体质量管理水平。而质量控制部负责对整个生产流程的质量检验、质量控制及整机可靠性试验。

在完善的质量控制与质量保证系统的监督检验下，格力保证了每个供应商都经得起严格考验，每个零配件都经过了精挑细选，每一道工序都经历了千锤百炼，每一个产品都力求做到“零缺陷”！

另外，在生产管理和制造工艺方面，格力也一直力求达到最佳。为了获得极高的生产率、极佳的产品质量和很大的生产柔性，格力正在推行精益管理法和6σ 管理方法。伴随着各种先进管理方法在格力的应用，资源得到了更加合理的配置和充分的利用，生产管理水平也得以不断提高。而格力在注重技术的同时，也通过先进的设备和工装，以及不断提高的工艺水平，始终保持着制造方面的优势。另外，格力拥有270多台（套）实验室，是目前国内空调行业内规模最大种类最齐全的企业，在世界上也是首屈一指。正所谓，“好空调，格力造”，格力拥有一流的生产环境，一流的生产线，一流的生产工艺。在不断地进取开拓中始终贯彻“一流”的原则，使格力的生产工艺将始终走在国际前列。

或许有人会说，董明珠是搞营销出身，对技术她懂吗？虽然她不直接参与科研，但是她却深谙科技战略，对全球空调产业的技术发展趋势十分清楚。所以，她知道，只有不断进行技术创新，生产出高科技、高品质的产品才是格力能够继续领跑家电行业的关键所在。

“铁娘子”的管理之道

励志箴言：管理体现在两个方向，一个管人，二是用人。管人，必须以严苛的制度为标尺；而用人，尤其是任用中层管理者，则一定要谨慎：任前把好关，任后勤监督。

铁腕管理，制度至上

进入格力电器三年后，董明珠从业务员走上了管理岗位，这时候，摆在她面前的不仅仅只是营销的问题，还有更重要的管理问题。对于管理，董明珠的态度很明确：“管理就是刚性的，没有柔性可谈。”在她看来，虽然管理需要以人为本，但人性化的管理并不等于人情化的管理。人性化的管理应该是员工在工作中遇到困难时去帮助他，在生活中遇到困难时去关心他，而不是对制度和规范执行的柔性和人性化。

在没走上管理岗位之前，做业务员时的董明珠在格力电器的人缘很不错，大家都亲切地叫她“董姐”，都认为她是一个最好说话的人。所以，当听说她要回来当经营部部长的时候，经营部的人都非常高兴。可是，就当他们以为来了一个老好人当领导的时候，却怎么也没想到等来的却是一个严格异常的“铁娘子”。刚上任，董明珠就给所有人来了一个“下马威”，在经营部点起了“三把火”——抓内勤、查账、整人。

新官上任要点“三把火”，自然会得罪很多人，而且多半是公司的老人、熟人。但是董明珠不怕得罪人，在她看来，管理工作一定要得罪人，这样才会有成效。如果不得罪人，根本不见成效。因为，有些人犯错后根本不知道自己错在哪里，要让他知道自己做错了，他才不会再犯。她认为，权力越大，责任也就越大，跟个人得失比起来，企业利益高于一切。

经营部部长刚一上任，董明珠就提出一条规定：上班时间不许吃东西，一经发现，第一次罚五十，第二次罚一百，第三次走人。大家以为，新官上任总是要先点“三把火”的，所以认为她只不过是为了壮壮声势，说说而已，所以都没有太在意。有一天，一位员工从家里带了很多零食来，快到下班的时候拿出来分给大家吃。正好被董明珠看到了，她当众宣布：每人罚款五十元，带零食的人罚款一百。在场的人认为大家都是多年同事了，连声说算了算了，可董明珠态度很坚决：只要违反原则，再小的事都是大事，都要管到底。大家都没想到她这么不近人情，心里多少都有些不太服气。

其实，罚员工的钱董明珠也有些与心不忍，当时大家的工资只有几百块钱。当晚，她找到了被罚款一百的员工，自己掏了一百块钱给了他，但罚款还是交了上去。通过这件事，经营部的人开始在心里佩服她，大家都开始严于律己，再也没有发生过类似的事情。

绝对不许迟到早退，禁止在办公室喝茶、看报、吃零食，这些都只是董明珠的“牛刀小试”，接下来她又在经营部制定了一系列看似有些不近人情的制度，比如，女员工最好都剪短发，长发必须要盘起来，而且不许戴首饰。许多女员工对这条规定十分不满，私下里说她太霸道，把自己的审美观强加给别人。但是，董明珠说一不二，制度就是制度，不许讲条件，为此常把一些女员工训得直掉眼泪，最终令行禁止。

另外，董明珠最讨厌说假话的人，特别是工作中由于说假话而导致错误的决策，最不可饶恕。一旦得知哪个员工说了假话，坚决弃之不用。对工作没有责任心的员工，在董明珠这里更不可能过关。还有一些业务员，依靠好业绩赚了钱之后，就开始飘飘然，对工作不再认真，董明珠的做法简单干脆：直接开除。

董明珠就是这样一个“眼里揉不进沙子”的人，任你是谁，只要违反企业制度，一律严惩不贷。面对许多企业管理人员都头疼的“降落伞”问题，董明珠依然不改“铁娘子”本色。

1995年年初的时候，董明珠在管理中遇到了一个很棘手的问题，跟“降落伞”有关。当时，经营部里的许多员工都是通过上级领导的关系进来的，所以从某种意义上来说，即使是分管领导也没有处置他们的主动权，一切都要看上级领导的脸色来办。上一任经营部部长是一个八面玲珑的人，对这些有背景的“降落伞”从不轻易碰触，结果导致管理上十分被动。董明珠上任后，对此也感到有些难办，但她知道，如果不把这些“降落伞”治理好，那么自己的管理对其他员工来说就会没有力度，别人会说她“只挑软柿子捏”。而要想治理好这些人，必须抓一个典型，即拿一个背景深的人来开刀，这样才能找到突破口。

就在董明珠细心观察抓典型的时候，正好有一个人撞在了她的枪口上。此人在工作中出了很大纰漏，多达五百多万元货帐不符，情况如此严重，自然不能不处理。而更重要的是，董明珠知道这个人跟朱江洪的关系很密切，正好用他“杀一儆百”。于是，董明珠丝毫没有手软，按照制度对他进行了罚款，并扣一级工资，同时全公司通报批评。

正如董明珠所料，这件事立即引起了连锁反应。第二天，朱江洪就把她叫到了办公室，很显然被处罚的那个人跟朱江洪告了状。朱江洪为人本就宽厚，加之与那个人关系不错，所以觉得警告一下就行了，通报批评有些严重了。董明珠早知道要过这一关，所以早做好了准备，她的态度很坚决：这样的惩罚都是轻的，如果我能做得了主，直接开除。然后，她开始跟朱江洪分析这里面的利害关系：如果站在个人的角度，自己完全可以做好人放过他，可如果站在企业的角度，那就必须进行严肃处理。同时，董明珠还说，不送礼就拿不到货的风气在经营部已经愈演愈烈，如果不严肃惩治，对公司将贻害无穷。面对董明珠这股正气，朱江洪自然无话可说，因为这些道理他比董明珠更清楚。

尽管朱江洪没说什么，但这件事却并没有完全过去。格力分管人事的领导也认为董明珠在对待人事工作时有些太急功近利了，便劝她说要慢慢来，否则大家都会对她有意见，否则她很可能会遭到“弹劾”。董明珠对这种劝告不以为然：难道为了搞好人际关系而放弃原则，这不是给企业发展设置绊脚石吗？原则问题不容商量。

董明珠的强硬，让经营部上下的人一提到她都会皱眉头，但同时也让大家知道了她的厉害。在她的整顿下，经营部之前的一些陋习，比如不守纪律，吃拿卡要等现象，开始逐渐消失，整个部门迅速地整顿到位。

管理获得了成效，董明珠感到些许欣慰，但是她却从此落下了“霸道”、“没人情味”的名声，甚至有一些人联合起来共同声讨她，要把她拉下马。虽然有时候朱江洪也觉得董明珠有些太强硬了，但是，每到这种时候，他还是会站在董明珠一边，帮她平息事态。随着时间的推移，董明珠的“整风运动”得到了绝大多数员工的认可，大家对她的态度从不满、抱怨、敌视渐渐变成了敬畏。

董明珠：干部的培养很关键

现代企业的竞争，已经转化为人才的竞争，也就是说，要想打造成功的事业就必须有一支团结有力的人才队伍。董明珠自然深谙其道，所以，从她开始走上领导岗位之日起，就一直在考虑员工的培养和人才队伍的建设问题。

1998 年，格力电器的发展进入了快车道，企业规模越来越大，随之而来的自然是越来越多的员工，这时候自然对企业管理提出了更高的要求。董明珠认为，既然格力的目标是打造 100 年的企业，那么前提必须是拥有一支相应的百年人才队伍。而在这支人队伍里，董明珠认为中层干部是最关键的部分。之所以如此看重干部队伍建设，董明珠有着自己的见解：企业的制度再完善，如果不被执行到位也只能是“纸上谈兵”，如何保证执行到位呢？自然是要选出合适的执行人，也就是负责上传下达的中层干部。因此，从出任格力电器总经理的第一天起，董明珠就把干部管理放在了管理工作的首位。

在对待干部的选拔方面，董明珠有一条原则，那就是同行其他企业的人才，无论能力多高也不去挖，即使有人来投奔，也一律拒绝。因为，忠诚问题是她在选用干部时最为看重的一点。今天，他们可以在高条件的吸引下背判企业，那么明天，就可能在更高的条件下背叛格力，所以，这样的人坚决不能用。

在董明珠看来，工作方法有问题可以慢慢调教，工作能力不足可以慢慢培养，但如果个人品质有问题，决不能姑息。尤其是在任用高管的时候，这一点尤为重要。很多员工，在基层的时候，工作很努力，人品也没问题，一旦权力加身，内在的一些负面品质很可能会暴露出来。所以在前期提拔时，一定要把好品质这一关。如果没有及时发现这一问题，就需要用完善的岗位制度和监督机制来把控。在格力，有 20 多个信箱供员工直接对干部进行投诉，董明珠会视情况亲自受理。

另外，董明珠一直在格力秉承不拘一格用人才、充分放权、刻意培养人才的原则。格力的干部基本都是从基层岗位提拔上来的，其中也包括工人。论资排辈、托人托关系，在董明珠这里，绝对通不过。

格力电器每一年都会举行一次中层干部梯队的自荐选拔，岗位都是公开的，所有员工都可以来竞争。这个选拔机制，给所有格力员工都提供了一个展示自己的平台，谁有能力谁就上，大家都不会有意见。

另外，董明珠还认为，一个负责任的好领导还要为人才的自我发挥创造空间，通过这种良好的机制去发现人才，挖掘人才，给予人才成长的机会。格力很多中层干部都是在这种机制下被一步步提拔上来的。

其中，格力有一位总经理助理在二十九岁的时候就被董明珠提拔了上来。刚进入公司时，他只是一个底层员工，主要负责办理护照。平时工作中，他很踏实，勤勤恳恳，加班加点也要完成工作任务。对于他的表现，董明珠感到很满意，认为他非常有培养的潜力，于是便决定给他机会。

这一年，中层干部竞选又开始了，可是这个年轻人不敢去报名参加，董明珠给了他很大的鼓励。经过面试、实践、评议、考试，最终他顺利过关。负责竞选的格力高层认为他是个难得的人才，可以安排到人力资源部去继续观察培养。但是董明珠却认为他更适合下车间，于是，当年只有24岁的他成了控制器分厂的厂长。

到了这一步，还远远没有结束。董明珠一直在持续关注他的成长变化，而他上任后的表现也没有让董明珠失望。到了控制器分厂后，他每天晚上都到员工集体宿舍和员工聊天，了解员工们的想法，鼓励他们做相应的转变。回到办公室，他会继续学习，补上产品技术这一关。在他的勤奋努力下，仅用了一年时间，就使控制器分厂从生产到员工的精神面貌都得到了不同程度的提高。

这时候，董明珠又把他调到经营部门锻炼。采购部掌管公司命脉，处于风口浪尖，一个不小心就很可能会落下马。但同时，这里也是一个锻炼人才的绝佳环境。这一次，他依然没有让董明珠失望。自从他到了采购部，每年都为公司降低了两个亿的成本。到了这一步，董明珠才算彻底对他放心，把他提拔到总经理助理这个非常重要的岗位上来。

类似这位总经理助理的例子有很多，格力的许多中层干部在三十多岁时就被董明珠提拔了上来，当然事先都经过了一道道严格的考核。

一般来说，培养人才都离不开物质的激励。格力员工的待遇很好，中层管理干部的待遇更高。但是，董明珠知道，有时候物质激励到一定程度后很可能就没有吸引力了，有些人会在满足于物质现状的基础上失去奋斗的激情。所以，格力想要获得长远发展，需要一批有激情的人才。那么怎样才能培养出这样的人才？董明珠自有高招：在干部管理上不断创新，不断总结。

一直以来，董明珠始终坚持用一种创新的思维方式去激励格力的干部成长。首先，选拔干部时以创新为主题；其次，干部上岗后每年必须要在工作中有所创新。如果做不到就要被调岗，如果能做到，就会获得相应的的荣誉和待遇。这种机制在很大程度上激起了干部队伍的创新意识，从而让格力的管理一直没有在企业发展的道路上掉队。

从另一个方面，也可以看出董明珠的人才培养机制是很有成效的。格力的规模越来越大，人才也越来越多，自然让很多同行企业很眼热，于是便开始来挖人。2007 年，国内某空调企业的总裁亲自带领猎头团队来格力挖人，许诺各种优厚待遇，最终却一无所获，悻悻而归。

当然，也有经不住诱惑被挖走的人。对于这些跳槽的人，董明珠从来不会挽留。道不同，不相为谋。而且在她看来，如果格力留不住的人才，就算不上真正的人才，到哪里都难有作为。

面对繁重复杂的管理工作，董明珠付出了很多精力，但劳累之余她也十分欣慰，因为她一手打造出来的格力的管理团队正在朝着她期望的方向一点点稳步前进，有了这个优秀集体的力量，自己的负担就可以慢慢减轻了。

“格力培养了我，朱江洪董事长培养了我，而我正在培养更多人。打造一个百年企业，不是一位两位企业领袖完成的，而是需要一代代、一批批优秀的德才兼备的人才。”董明珠如是说。

格力的慈善是一种习惯、一种文化

励志箴言：当把慈善事业变成一种习惯和一种文化时，无论是个人，还是企业，都会从中领悟到更深刻的道理。

在董明珠的引领下，格力电器一直在奋力开拓，在打造世界名牌企业的征途上不断前进。与此同时，董明珠也一直没有忘记，作为一个企业家对社会应尽的责任和义务，因此她一直关注慈善事业，关注弱势群体。她曾这样说："企业家对社会更多的是负有责任的。真正优秀的企业家不是对企业本身能赚多少钱负责，更多的是要对社会、国家的责任心。"

在商战中，董明珠是不折不扣的"铁娘子"，理性十足。但是在面对慈善事业，面对需要帮助的弱势群体时，她感性的一面就会表露出来。看到贫困山区孩子的照片，她会泪光闪烁，看到孩子们在她的帮助下有了新教室、新课桌，她会笑得像孩子一样开心。

每一年，董明珠都会以个人名义进行一些慈善活动，帮助失学儿童、受灾的群众以及弱势群体。

在抗洪救灾、抗击 SARS、援助印度洋海啸等活动中，她曾多次捐款捐物。对教育事业，董明珠更是十分关注。2006 年 8 月，她在《南方日报》上看到一篇报道，得知贵州黔南州都匀市平浪镇小学的条件非常简陋，孩子们的学习环境十分艰苦。于是，毅然从自己的新书《行棋无悔》的稿费中拿出30万捐给平浪镇小学，其中10万元用以设立“董明珠”奖学金，20万用以建设教学楼。为了感谢她的善举，学校把这栋教学楼命名为“明珠楼”。在接下来的几年中，她又通过个人及格力电器陆续为平浪镇小学捐献了桌椅、电脑等学习用具。她的善举无形中给孩子们树立了做人的榜样，让他们从小就懂得了感恩，懂得了回馈社会。

在随后的几年中，董明珠又以个人名义，相继出资数百万元在山东大学和北京师范大学珠海分校建立“董明珠教育基金”，用以资助那些家庭困难、成绩优异的学子……迄今为止，董明珠以个人名义援建了近10所希望学校，同时为多所残疾儿童学校改善了教学设施。在她的引领下，格力人也先后通过各种方式，资助了数百名贫困失学孩子返回校园。

在珠海格力空调总部大堂，一直摆放着董明珠的著作《棋行天下》、《行棋无悔》的书籍和募捐箱。目的就是为了各界人士在取阅的同时，可以在募捐箱里留下爱的捐赠。

2008年，四川汶川大地震，董明珠在第一时间以个人名义捐献120万元稿酬，指定用于四川灾区的教育设施重建。

董明珠对孩子的关爱不仅仅体现在出资助学上，对那些身患疾病的贫苦家庭的孩子，她倾注了更多爱心。

2007年，董明珠从《行棋无悔》的稿费里拿出10万元，交到了安徽小男孩小羽祥父母的手中。小羽祥当时只有3岁，却身患血病，对于这个贫困的家庭来说，这笔钱无疑是患病小羽祥的救命钱，他的病情因此稳定了下来。后来，在小羽祥需要进行手术却无力承担时，她再资捐出20万元，让孩子有了生的希望。当然，这已经不是董明珠第一次关注白血病儿童群体了，之前广州大学生庞梦晨、林延妮以及11岁的小女孩陈秋歧等，都曾因身患白血病而得到过她的帮助。同时，她还通过格力电器向全社会呼吁关注白血病这一特殊群体。

董明珠觉得，慈善仅靠个人力量是远远不够的，所以，在身体力行的同时，她还引领格力人要时刻不忘回报社会。为此她曾这样说：“是企业家的社会责任感让我无法停止爱心的脚步，我只希望能以个人微薄的力量唤起社会对弱势群体的关注，让更多人加入慈善的行列。”

在董明珠的引领下，每当人民处于危难之时，格力人总是会冲在前面。

2004年年末，印度洋发生海啸，夺去几十万人的生命，数百万人无家可归。在2005年1月6日广东电视台举办的“人间有真情——广东人民为印度洋海啸灾区赈灾义演”活动上，格力电器捐款100万元用于安置灾民生活；2006年夏天，当广州遭受台风碧丽斯席击时，格力电器再次出资600万元，是当时珠海市捐款最多的企业，也是广东省家电行业捐款最多的企业；2008年1月，南方发生雪灾，格力电器再次义不容辞，慷慨捐款100万元。特别是在2008年汶川大地震发生后，格力电器更是冲在了捐助的最前线。

地震发生两天后，格力电器就捐出了第一笔善款850万元。随后，格力又自发组织“万人捐赠”活动，全国各地的格力空调销售公司也纷纷加入其中，几天之内，捐款总额就超过千万。最后，加上董明珠以个人明义捐出的120万，格力人的捐款总额超过了2500万元。同时，格力电器还对外宣布，免费维修灾区所有空调，无论是否格力制造。

捐款的同时，董明珠和格力电器还以其他方式表达着爱心。格力电器的川籍员工共计2500多人，其中重灾区员工182人。地震发生后，董明珠在第一时间便下令在公司内成立灾情处置工作小组，随时向广大员工通报最新灾情，帮助灾区员工了解家里情况，同时设立热线电话，24小时接受灾区员工的求助，还要求各部门各分厂做好对重灾区员工的安抚和慰问工作。

2010年3月，西南五省遭遇百年不遇的旱灾，格力电器第一时间捐款

600万元；2010年4月，青海玉树发生7.1级地震，格力电器再次第一时间捐款1000万元。连续两次捐赠，格力都抢在了前头，不仅体现了作为一个大企业对慈善的热衷，同时也体现了慈善已经成为格力的一种习惯，一种企业文化的表达。

同样是在董明珠的引领下，格力人对祖国的教育事业同样十分关注，支持教育是格力人慈善事业的重要部分。近几年来，格力人助学的种子已遍播祖国大地，许多地方都建起了“明珠教学楼”，每年都有大批品学兼优的学生可以得到格力人捐赠的奖学金。格力人建起的希望小学更是遍布广西百色、江西上犹、安徽潜山、贵州都匀等地。

扶弱济贫，同样是格力人慈善事业的一部分。“老有所养，幼有所教，病有所医，鳏寡孤独皆有所需”是格力人一直以来秉承的慈善理念。2008年3月，格力电器为珠海市红十字协会捐款100万元。在2004年、2007和2008年，格力电器先后三次为珠海市禁毒委员会捐助共340万元，支持禁毒事业。2007年5月，格力电器为湖南孤独症儿童康复中心捐助8万元。同年，格力电器再次拿出100套高品质新款空调，赠与那些收入偏低或家庭负担重、又急需安装使用空调的普通劳动者，以期为回报社会，惠及更多的普通劳动者。

总之，多年来，几乎每次社会捐助和公益事业，大家都可以看到格力电器积极的身影。在董明珠的带动下，格力电器通过各种形式共向社会各界捐款捐物超过1亿元，充分凸现了良好的企业公民使命感和社会责任感。

“一个企业如果不对社会有贡献，不对国家有贡献的话，它本身应该说就不是一个好企业。格力作为中国乃至世界上最大的空调企业，在做好自身企业的同时，还能够为大家做什么？我认为更多的是献出爱心。”这段话体现了董明珠作为一个企业家对慈善的热诚与责任，同时也代表了所有格力人的心声。

卷二 把5块钱生意做成25亿：“老干妈”陶华碧的传奇人生

有华人的地方就有“老干妈”

她白手起家，把一瓶几块钱的辣椒酱做成与茅台齐名的品牌；她每天卖出100多万瓶辣椒酱，一年销售额高达数十亿；她15年只贷过一次款，从没漏交一分税，她的财务只有两笔最简单的账：进来多少，出去多少；她15年来一直遵循同一条商业交易规则：一手交钱，一手交货；她目不识丁，只会写自己的名字，却管理着一家拥有2000多名员工、年产值数十亿元的大企业。

她就是老干妈麻辣酱的创始人陶华碧。她是海外中国留学生心目中唯一公认的“女神”，因为她的“照片”几乎摆在所有留学生的床头。有华人的地方，就有老干妈。

人物简介

陶华碧，女，汉族，1947年出生，贵州省湄潭县人，老干妈麻辣酱创始人。现任贵州省人民代表大会常务委员会代表、贵阳市政治协商委员会常务委员、贵阳市南明区政治协商委员会副主席、贵阳南明老干妈风味食品有限责任公司董事长、贵阳南明春梅酿造有限公司董事长等职。

陶华碧曾先后获贵阳市南明区“巾帼建功标兵”、贵阳市南明区“创卫先进工作者”、贵阳市“巾帼建功标兵”、贵阳市“两个文明”建设服务先进个人、贵州省“三八”红旗手、全国“巾帼建功标兵”、全国杰出创业女性、中国百名优秀企业家、全国“三八”红旗手等荣誉称号。

"我不坚强，就没得饭吃"

励志箴言：面对人生的苦难，坚强面对是每个人想要渡过这一难关的必经之路。虽然做到坚强，也不一定能够成功；但若无法坚强，必定会一败涂地。

二十岁之前，从未走出过大山

从出生长到二十岁，整整二十年，陶华碧一直都没有离开过自己的家乡——贵州省湄潭县的一个偏僻的小山村。

陶华碧出生的那一年，离全国解放还有两年，远在大山里的贵州更是一穷二白。那时候，跟其他一些省份来比，贵州的农业生产十分落后，"刀耕火种"的原始耕作方式在某些地区甚至还在延用。跟生活的贫穷成正比的是人们思想观念的落后，男轻女的思想在那个时代的大山里几乎主导着人们的观念。所以，作为一个女孩，陶华碧根本没有上学的机会，她的全部生活除了劳作就是劳作。

陶华碧是个勤快的姑娘，从小就开始给家里人做饭。面对着贫穷的生活和无法上学的事实，她从来没有过任何怨言，因为跟那个时代的所有大山女孩一样，她已经接受了这种命运，无论怎样艰辛，生活还是要继续。

一晃二十年过去了，新中国虽然已经成立了十八年，但整体的经济形势仍然没有得到太大的改观。贫穷的大山依然贫穷，落后的思想依然在延续，唯一有变化的，是陶华碧这一代新中国的同龄人已经长大成人。

在思想保守的农村，女孩子长到二十岁，已经到了结婚的年龄。那时的陶华碧正值青春好年华，不仅人长得很漂亮，性格也很开朗，而且也很能干。跟许多同龄的女孩子一样，她最大的愿望就是能找一个可以依靠的男人，结婚生子，平平淡淡地过日子。一个偶然的机会，她认识了 206 地质队的一位会计，幸福地谈起了恋爱，并很快结婚成家。

当时，许多同村的姐妹都很羡慕陶华碧，因为她嫁的不仅是个文化人，而且是国家的正式工人。要知道，跟陶华碧同龄的绝大多数农村女孩，最后都只能嫁给农民，做一辈子农妇，种一辈子地。跟她们相比，陶华碧的确是幸运的。尽管用今天的眼光来看，一份国营工厂的正式工作很普通，但在那个年代，这可绝对是一个既体面又能挣钱的好工作。

陶华碧的丈夫跟那个时代的许多知识分子一样，忠厚朴实，有才华。嫁给他之后，陶华碧的生活有了不小的改变，随着生活水平改变的还有她的思想。从那之后，她开始知道文化，知道了知识，也更认识了自己。

结婚后，陶华碧跟随丈夫走出了大山，先后去了崇江、贵阳。日子就这样一天天滑过，转眼间，陶华碧已经是两个男孩的母亲了。可是，幸福却并没有一直这样延续下去，命运开始了对她的考验。原本，嫁给了一个有文化、有工作的丈夫可以让她一直幸福地生活下去，可是，结婚几年后，丈夫的身体开始出了问题。由于多病，他很早就退了休，这样家庭的重担一下子落到了陶华碧身上。命运虽然对她不公，但她依然咬着牙接受了。

从那时开始，陶华碧就独自一个人挑起了生活的重担。由于没有文化，也没有技术，所以刚开始的时候，她只能干一些体力活。她当过苦力，曾经举过 8 磅锤，背过黄泥巴，背 100 斤赚 3 角钱。她还拉过黄包车，也进厂打过工。许多男人能干的体力活，她照样能干，为了赚钱，有时候甚至男人都干不了的活儿，她也会咬着牙坚持下来，因为家里还有两个孩子等着她养活，还有一个多病的丈夫等着她照顾。

再后来，陶华碧开始利用从小就练就的一手好厨艺，卖起了米豆腐。由于豆腐要自己磨，所以那时候她每天凌晨一两点就得起床，做好米豆腐之后，再挑到早市上去卖。可是光靠卖米豆腐的微薄收入根本无法养活两个孩子和一个患病的丈夫，于是她又开始自己制作凉粉，每天挑着担子到各个学校周围去卖。当时的陶华碧还不到 100 斤，却每天要挑着超过自己体重的挑子去卖货。

长年的做苦力、挑担子，就这样，肩周炎、关节炎、颈椎病从那时起便在她身上落下了病根，时至今日也未能好转。尽管陶华碧已经挑起了生活的担子，不再让丈夫为此劳心劳力，但是，由于体弱多病，他还是早早就离开了人世。丈夫病故的那一年，陶华碧四十岁刚出头。

丈夫的病故彻底让陶华碧失去了心理上的依靠，从此，她开始和两个儿子相依为命。面对生活的不幸和艰辛，她始终坚强地面对着。

有时候，生活的不幸会带给我们很多伤痛，但也会带给我们很多智慧和力量，让我们更加懂得应该如何更好地面对生活。所以说，尽管在陶华碧前四十年的生命里，贫苦和不幸一直伴随左右，但从另一个角度来看，这似乎也正是"天将降大任于斯人也"之前的一种考验，总之，这些苦难到最后都成为了她日后创业致富的一种力量。

"老干妈"名字的由来

如今，回忆起那段艰苦的岁月，陶华碧曾这样说："早期我挑着担子卖米豆腐，很多人耻笑我。我不怕，靠我自身的努力，我觉得光荣和自豪，我总比你吃劳保、拿别人的钱好，如果我那时候也是好吃懒做，我就到不了今天。”

丈夫的病故，让陶华碧体会到了失去的痛苦，同时也让她懂得了珍惜的可贵，更让她变得坚强起来。挑担子卖了几年米豆腐和凉粉之后，陶华碧攒了一点钱。在丈夫病故那一年，她在贵阳市南明区龙洞堡贵阳公干院的大门外面，开起了一家专卖凉粉和冷面的小店，取名叫“实惠饭店”。虽说是个小餐馆，但条件十分简陋，只不过是她用捡来的半截砖头和油毛毡、石棉瓦搭起来的一个小蓬子而已，跟“路边摊”没太大区别。

陶华碧做米豆腐的手艺非常好，加上价格公道，份量也足，所以很快就吸引了周围几所中专学校的学生常来光顾。可是，由于大多数学生都很穷，所以时间一长，陶华碧的小店就积累了许多学生们的欠账。陶华碧虽然没有上过学，但善良、厚道的品性让她待人十分热情，尤其对学生们非常好。碰到钱不够的学生，她不仅不会减分量反而还会额外多给一些。后来，经过一番了解，对于那些家境十分困难的学生所欠的饭钱，她一律销账，而她的善良也给小店带来了更多的生意。用现在的眼光来看，当时对学生们付出的那一片片爱心，换来的不仅仅是更多的生意，最重要的是，为陶华碧换来了一个花多少钱也买不来的金字招牌——“老干妈”。

说起“老干妈”这个名字的由来，里面有一个很感人的小故事。当时，贵阳红星机床厂技校距离陶华碧的小店很近。技校里的许多学生都是小店里的常客，其中就有一个叫欧阳梓刚的男孩。他常常来小店里吃凉粉，可是因为家境贫寒，也常常拿不出饭钱。陶华碧了解他的情况，从没收过他的钱。有一段时间，欧阳好像消失了一样，很长时间没来小店里了。陶华碧就向来到小店的其他同学打听他的情况，同学说他最近经常跟一些社会上的人混在一起，打架斗殴，还经常旷课，还说自己不想再读书了。陶华碧知道这些情况后，决定帮助这个孩子。在接下来的一段时间，一有机会，陶华碧就像母亲一样对他进行说服教育。不仅在生活上关心他，还在学业上资助他。就这样，欧阳打消了辍学的念头，也不再和社会上的那些人混在一起，开始认真的学习，最终以优异的成绩毕业，并参加了工作。如今，欧阳梓刚已是贵州省长顺县政协委员、县私营协会会长、县某茶叶公司的经理。

欧阳对陶华碧非常感激，把她视为自己的母亲，并亲切地称她为"老干妈"。那时候，得到过陶华碧帮助的学生不止欧阳一个，学生们都很敬爱她，于是，大家都开始叫她"老干妈"。从此，这个的称谓不胫而走，最后甚至周围的群众也开始叫她"老干妈"了。

陶华碧没想到，自己的一点点善举竟然换回了这么大的回报，她感到很欣慰。俗话说，"善有善报"，这句话在陶华碧身上再一次得到了验证。1996 年，当陶华碧开始创业的时候，便在公司名和产品商标里加入了"老干妈"的重要标识，并一直自用至今，成为响当当的品牌。

尽管开起了小店，有了比较稳定的收入，但伴随着小店而来的，还有许多困难和烦恼。那时候，像陶华碧这样的"个体户"还是很不受待见的。由于烧煤炉的原因，环保、城管、工商局经常有人借故来"找茬"，吃拿卡要，有时候还要罚款，甚至附近居民楼里的退休老头也来凑热闹。陶华碧对此并不示弱，该交的钱她一分不少，可不该交的钱，她一分也不会交。为此，她常常跟这些人据理力争，有时候甚至还会拿起炒瓢跟他们干上一架。

"我没有想过放弃，因为你既然要去做一件事，这个想法就必须要实现。要是放弃了，人家会指着你的肋巴骨，'陶春梅，你吃不上饭啰'，叫人家笑话，你才活不下去。我有这个坚强的力量，就是我不睡觉，我都要把它做下去，我要做好，财旺、火旺、人旺，我就要把它做得红红火火的。一旦放弃了再去做，绝不会成功。

成功的企业就不要去失败，要好生生去做，要做就把它做大，做成精钢、好钢，我就要成功。别人眼里可能认为‘你孤儿寡母，能做什么’，但是我就要拼下去。否则，你吃不上饭，人家笑话你。

人都有碰到困难的时候，你一定要努力。别人能拼下去，难道你就拼不下去吗？今天就是面对一个土匪，我都要跟你拼下去；你把我杀下去，我就要把你杀下去。要拼就会赢，不拼就会输下去。但是我不能输，输了人家还要来笑话你，我不偷不抢，好生生把我的企业做好。”

现在想来，陶华碧觉得当时自己那样做也是没有办法。生意做不起来，一家人就会没饭吃，还会被别人看不起。所以，她告诉自己，绝不能示弱。只有在艰苦的条件下好好地生存下去，自己的小店才有希望。那段岁月，练就了陶华碧要强的性格，也让她产生了一定要做成功的勇气和信念。

从凉粉里得到灵感，在麻辣酱里捕捉商机

励志箴言：每个人在一生中总要面对许多次机遇，但这些机遇多半会悄悄溜走。如果你拥有发现的眼光，并有执着的精神，那么不仅会抓住更多的机遇，而且会把这些机遇变成以后成功的基础。

麻辣酱里的"秘密"

由于价格公道，份量又足，所以陶碧华的小店生意一直不错。但她并未满足于此，因为周围卖凉粉的不止她一家，要想争取到更多的顾客，就必须想到更好的吸引顾客的方法。经过一番琢磨，她想到了一个好点子。

当时，其他人卖的凉粉里，大多只加了点味精、胡椒、酱油和小葱之类的调味品，可是她却特地专门制作了一种拌凉粉的作料——麻辣酱。早在丈夫病重期间，为了赚取更多的生活费，陶华碧曾只身前往南方打工。可是她吃不惯南方的饭菜，于是就从家里带了很多辣椒做成的辣椒酱拌饭吃，这种辣椒酱就是"老干妈"的前身。这时候，陶华碧又想起了这种辣椒酱。经过不断调配，她终于做出一种很好吃而且非常适合跟凉粉拌在一起吃的麻辣酱。

有了麻辣酱之后，陶华碧的凉粉生意越来越好了。有一天，陶华碧身体有些不舒服，所以就没起早去菜市场买辣椒。没有辣椒，麻辣酱自然也做不成了。当时她想，反正拌凉粉的调料不止麻辣酱一种，今天就换一种，应该也不会太耽误生意。可是，让她没想到的是，绝大多数顾客一听说今天没有麻辣酱，竟然转身就走了，而且其中有许多还是她的老顾客。陶华碧觉得十分纳闷：怎么会这样？难道这些顾客之所以爱吃我的凉粉，是因为麻辣酱？

这件事对陶华碧的触动很大。一种很原始的商业智慧开始在她脑海里产生，让她一下子就看出了麻辣酱的潜力。从此，她对制作麻辣酱投入了更多的心血。经过几年的反复试制，她终于制作出了一种风味更加独特的麻辣酱。在这几年中，她的生意一直不错。很多客人在吃完凉粉后，还会特意买一些麻辣酱带回去，甚至有人不吃凉粉专门来买她的麻辣酱，无论她一天做多少都不够卖。

这时候，陶华碧心里又犯起了合计：麻辣酱只不过是一种食品调料，这些客人买这么多回去，能吃得完吗？不久之后，一个偶然的机会，陶华碧心中的这个疑惑终于解开了。

有一天上午，又有好几个顾客先后专门来买麻辣酱，而且买的份量一家人吃半年都吃不完。陶华碧像往常一样问他们为什么要买这么多麻辣酱，有的顾客说是为了送亲戚朋友，有的顾客说是给工厂的食堂代购。陶华碧将信将疑，可是顾客上门来买货，她又不能不卖。结果没到中午，她的麻辣酱就只剩下一点点了。这直接影响了她的凉粉生意，麻辣酱一卖完，来吃凉粉的顾客就一个也没有了。这时候，又有两个老顾客结伴而来，可一听说麻辣酱已经卖完了，其中一个人就说：“咱们到对面的餐馆去吃吧，他家也有麻辣酱。”

“请等一下，我想问问，对面餐馆的麻辣酱跟我这里的麻辣酱比，哪个更好吃呢？"陶华碧听说对面餐馆也有麻辣酱，便开始询问起来。

"味道是一样的，一点也不差。"

两位顾客走后，陶华碧心里更纳闷了：不可能啊，自己的麻辣酱是有独特配方的，这个配方只有自己知道，别人做的麻辣酱怎么会跟自己的味道一样呢？不行，必须得去看个明白。

于是，陶华碧关上了店门，在附近十几家凉粉店和小餐馆转了一圈。结果让她很意外的是，这些小店的生意都非常红火，更让她吃惊的，这些小店全都在用从她那里买来的麻辣酱做招牌。这时候，她突然明白了，那些经常到她店里大量买麻辣酱的人原来目的是这个。陶华碧很生气，自己辛辛苦苦研制出来的麻辣酱，竟然被别人利用，成为他们发财的工具！不行，一定要想办法制止这种情况的发生。

从那天之后，陶华碧长了一个心眼，顾客来店里吃凉粉可以，但想要单独买麻辣酱，绝对不行。结果，几天之后，那些买不到麻辣酱的小店老板都纷纷来求她卖一些麻辣酱给他们，还半开玩笑地说："既然你能做出这么好吃的麻辣酱，干吗还卖凉粉啊？干脆直接卖麻辣酱得了，到时候，我们都会成为你的忠实顾客，你做出多少，我们就买多少。"

小店老板们的话再次触动了陶华碧，她心里开始慢慢筹划起来。

"老干妈"名声鹊起

1994 年，贵阳开始修建环城公路。随着环城公路的建成，陶华碧的小店所在的南明区龙洞堡成为了贵阳南环线的主干道。随着交通环境的改善，途经此处的货车越来越多，货车司机们开始成为"实惠饭店"的主要客源。这时候，陶华碧的商业智慧再一次显现出来，她觉得这些货车司机很可能成为自己的"活招牌"。于是，她开始把一些自己制作的麻辣酱和香辣菜当成赠品免费送给这些货车司机，结果这些赠品大受司机们欢迎。

货车司机们常年累月南来北往，他们的口头传播自然是最好的广告形式，就这样，很快，“龙洞堡老干妈麻辣酱”的名号就开始在贵阳传播开来。很多人开始慕名而来，为的就是尝一尝她的麻辣酱，当然，每个人临走时都不会空手而归。

刚开始，对这些慕名前来的顾客，陶华碧大多是半卖半送，目的自然是为了吸引更多的回头客。可是渐渐地，来的人越来越多，她已经有点“送不起了”。这时候，也正是附近的小店老板央求她专营麻辣酱的时候。就这样，在那一年 11 月，陶华碧的“实惠饭店”正式更名为“贵阳南明陶氏风味食品店”，店里再也看不见米豆腐和凉粉，取而代之的是麻辣酱和一些麻辣风味小咸菜。

尽管不再卖凉粉，也不用再做凉粉了，可是陶华碧每天的工作量却并没有减少，反而增加了许多，因为制作麻辣酱需要更多的时间和更大的体力。好在小店的生意特别火，做多少卖多少，从来都不会剩货。可是，她一个人的精力毕竟有限，每天能做出的麻辣酱也就那么多，很快，小店的生意就开始供不应求。这时候，龙洞堡街道办事处和贵阳南明区工商局的干部就开始游说陶华碧，希望她能放弃食品店经营，开办工厂专门生产麻辣酱。这本是一个不错的提议，但刚开始陶华碧却一口拒绝了。

街道办事处和工商局的干部以为陶华碧在政策和资金方面有顾虑，就答应会帮她办好一切手续，如果缺资金，也可以帮她想办法。可是陶华碧却说，并不是因为这些，而是因为她始终放不下附近学校的那些穷学生：“如果小店关了，那这些穷学生到哪里去吃饭。”原来，虽然陶华碧一直在资助这些穷学生。虽然她不再卖凉粉，可还是会经常抽时间做一些，然后免费提供给这些穷学生。每次谈到办厂的问题，陶华碧都会说出自己的这个担忧，所以街道办事处和工商局的干部也不好再说什么，办厂的事情就这样暂时搁置了下来。

然而，随着市场经济的脚步越来越快，让陶华碧办厂的呼声也越来越高。后来，许多受陶华碧资助的学生也纷纷来游说她，并向她保证，即使不能再得到她的帮助，也一样会好好学习，好好生活。最后，陶华碧终于被说服，开始筹建工厂。

只认三个字，照样办工厂

励志箴言：有时候，办成一件事并不需要太多经验或能力的累积，需要的只是一股执着认真的劲头，想到就做，就等于成功了一半。

村办小作坊

1996年8月，在龙洞堡街道办事处的帮助下，陶华碧向南明区云关村村委会借用了两间房子，招聘了40名工人，办起了辣椒酱加工厂，牌子就叫“老干妈”。从那之后，陶华碧的创业之路正式开始了。

刚开始，陶华碧的工厂只能算是一个简陋的家庭作坊。可是，即使是这样，毕竟是工厂，是工厂就得有制度，陶华碧面对的第一个问题就是这40名工人的管理问题。陶华碧没有文化，自然也不知道什么管理手段，可是如果不管理好工人，又怎么能经营好工厂呢？陶华碧冥思苦想，最后，她想到了一个最原始的办法，那就是身体力行：我是老板，我说的话和做的事都被工人们看在眼里，如果我积极主动，努力干活，那么他们自然也会向我学习。于是她对大家说：“我把你们当家里人，你们也把这里当成家。我怎么做，你们跟我怎么做就行。”

因为没有生产线，所以制作麻辣酱的全部工序都必须由人工来完成，其中最难的一道工序就是捣麻椒和切辣椒。麻椒和辣椒都是刺激性很大的食物，尤其是在被捣烂切碎的过程中，溅起的飞沫会把人的眼睛辣得不停流泪，即使戴上眼镜和口罩也不管用，所以工人们谁也不愿意干这个工作。

陶华碧意识到，教育和管理工人们的时机到了。于是，她亲自上阵，手握两把菜刀上下翻飞。一边动手，嘴里还一边不停地说："我把辣椒当成苹果切，就一点也不辣眼睛了。"工人们听到她的话，都笑了起来，随后也都纷纷拿起了菜刀切"苹果"。就这样，陶华碧每天都身先士卒，主动挥起菜刀，带着工人们一起干。

挥动菜刀需要两个肩膀不停发力，这就给肩膀造成了很大的负担。当时的陶华碧已经年近五十，长年累月这样干下来，结果导致她得了很严重的肩周炎，10 个手指的指甲也因为搅拌麻辣酱而全部钙化了。

上下同心，当老板的都这么拼命苦干，工人们自然更加拼命，麻辣酱工厂就这样风风火火地开了起来。

由于完全是手工制作，所以工厂最初的产量并不多，可是，即使是这样，产品仍然出现了滞销的情况。因为附近的凉粉店和一些小饭店毕竟数量有限，每天要的货也有限，所以无法完全把工厂的产品都消化掉。此时的陶华碧第一次感觉到了经营的压力，怎么办？陶华碧和工人们一起想办法，最后，她决定，除了小店之外还要另外再开拓一些市场。她想到的第一个方法有些"土"，那就是提着蓝子装上麻辣酱，走街串巷向各单位食堂和路边的商店推销。

可是，这个方法却让陶华碧屡次碰壁。毕竟当时"老干妈麻辣酱"只是在小范围内有一些知名度，对于大多数人来说，都还不知道它的名号。所以，那些单位食堂和食品商店都不愿冒风险进货，担心会卖不出去，造成损失。陶华碧就跟他们协商，说可以先把麻辣酱放在这里寄卖，不要钱，卖出去之后再收钱，卖不出去就退货。在如此让步的情况下，“老干妈麻辣酱”终于摆上了许多食堂和商店的柜台。

刚开始，陶华碧还真有点担心，可是很快，她的这种担心就消失了。因为，没过几天，各个食堂和商店都纷纷打来电话，让她去收款，同时让她加倍送货。没想到，她第二次送去的货又很快脱销了。就这样，陶华碧为自己的麻辣酱开拓了新的市场，而市场销售的情况也让她吃了一颗定心丸。

与贵阳二玻结缘

市场开拓成功之后，陶华碧开始在工厂内部扩大生产。扩大生产，意味着需要更多的玻璃瓶，于是，陶华碧给贵阳市第二玻璃厂的厂长毛礼伟打了一个的电话：“我要一万个瓶子，现款现货。”毛厂长在那头连连称是，并保证及时交货。放下电话，陶华碧脸上露出了笑容。

贵阳当地的玻璃厂并不少，为什么陶华碧单单给贵阳二玻打了电话呢？这里面其实是有故事的。

原来，在刚开始办工厂的时候，除了管理和经销的问题之外，还有一个问题一直困扰着陶华碧，那就是玻璃瓶的问题。玻璃瓶密封性好，成本低，而且节能环保可以回收重复利用，所以也是装麻辣酱的最好包装材料。于是，陶华碧开始跟贵阳当地的一些玻璃厂联系。可是，由于她的工厂规模很小，对玻璃瓶的需求很少，所以那些年产上万吨的玻璃厂根本就不屑跟她这样的小客户合作。后来，陶华碧找到了贵阳二玻，要求定制玻璃瓶，结果再一次被拒绝了。

陶华碧很生气，可也没办法，谁让自己的工厂太小了呢？可是，玻璃瓶不解决，自己的工厂就无法运转，所以，陶华碧不得不开始硬着头皮与贵阳二玻的厂长进行“商业谈判”。陶华碧自然没有什么好的商业谈判技巧，不可，她只认准了一条，那就是坚持。

"哪个娃儿是一生下来就一大个哦，都是慢慢长大的嘛，今天你要不给我瓶子，我就不走了。"就这样，软磨硬泡了几个小时之后，贵阳二玻的厂长终于"妥协"。不过，并不是同意为陶华碧的工厂制作玻璃瓶，而是允许她可以到厂区里捡一些瓶子带回去。虽然没拿到正式的合作合同，但这样也算是解决了一些燃眉之急，所以，陶华碧对这次"商业谈判"的结果还是挺满意的。

贵阳二玻无论如何也不会想到，当时施以的这一点小小的"恩惠"，日后竟然会成为自己的"救命稻草"。随着改革的不断深化，私营经济的浪潮开始席卷全国，随之而来的就是国企的倒闭浪潮。而贵阳二玻却一直屹立不倒，而且还不断发展壮大，正是因为与陶华碧在多年前达成的这个"协议"。

其实，就在这份"协议"达成后不久，贵阳二玻就已经看出了陶华碧这间小工厂的发展潜力。因为麻辣酱的持续热销，工厂对玻璃瓶的需求自然也越来越多。在工厂扩大规模开始需要大批量的玻璃瓶之后，陶华碧第一个就想到了贵阳二玻。

此后，"老干妈"的生产规模以惊人的速度持续膨胀，与之合作的玻璃企业也开始逐渐遍布全国。其中不乏重庆、郑州等地的大型企业。贵阳二玻与这些企业相比，无论在成本还是质量上都没有明显的优势，但是，陶华碧却从来没有削减过贵阳二玻的供货份额。如今，"老干妈"60% 的玻璃瓶都由贵阳二玻生产，贵阳二玻一共有 4 条生产线，其中有 3 条都是为"老干妈"24 小时开动。

从小作坊到大公司

仅仅经过一年的发展，“老干妈麻辣酱”就完全通过了市场的检验，在贵阳市稳稳地站住了脚跟，并开始向贵阳以外的地区发展。

虽然创业刚刚一年，但陶华碧的商业嗅觉早已被激发出来。定好发展方向，摸清市场需求之后，她开始琢磨把工厂的规模再次扩大，直接办成公司。

就这样，1997 年 8 月，贵阳南明老干妈风味食品有限责任公司正式挂牌成立，工人从原来的 40 人一下子增加到 200 人。规模扩大了，相应的工作自然也多了起来。这时候，陶碧华面对的不再仅仅是工人的管理以及带头在生产一线工作的问题，另外，公司内部，财务、人事的各种报表都需要她来亲自审核；公司外部，与工商、税务、城管的打交道也得由她为负责，政府有关部门经常下达的相关文件也需要她来贯彻执行。面对这些纷繁复杂的大小事务，陶华碧开始觉得有些力不从心了。而更让她感到头疼的是，她还必须要参加政府主管部门召开的各种会议，有时还得上台发言。一时间，陶华碧真有点招架不住了。

当时，陶碧华的大儿子李贵山已经退伍，并转业到了贵州 206 地质队的汽车队工作。知道母亲的难处后，李贵山想辞职来帮助她。可是刚开始陶华碧却不同意，在她看来，虽然自己开公司当了老板，而且在当地已经小有名气，可是儿子的工作毕竟是“铁饭碗”，砸了“铁饭碗”来帮自己，太不划算。这一边陶华碧极力反对，可是儿子李贵山却打定了主意，如果自己不帮助母亲，那谁来帮助她呢？于是他先斩后奏，瞒着陶华碧辞掉了工作。事已至此，陶华碧也只好接受了儿子，就这样，李贵山成为了“老干妈”的第一任总经理。

李贵山虽然只有高中文化，但在当时已经算是公司里的“高材生”了。

他上任后做的第一件事就是帮助母亲处理文件。他把文件一个字一个字地念给母亲听，陶华碧听到重要的地方会突然站起来，然后说："这个地方很重要，用笔划下来，马上去办。"

尽管看不懂财务报表之类的文件，可是陶华碧的记忆力和心算能力却很惊人。当时，"老干妈"的账目并不太繁杂，每次财务人员都会念给她听，一般她听上一两遍就能记住，然后就会在心里计算财务的进出总账，当然也就立刻能知道财务报表上的数字有没有问题。

阅读文件的问题基本解决了，可还有一件让陶华碧头疼的事情，那就是在文件上签字。陶华碧一个字都不认识，更别提写字了。所以，在这之前，面对需要签字的文件，她就在右上角画个圆圈，这是她在电视里学来的一招。

李贵山觉得母亲的这种方法很不安全，极有可能被别人仿冒。于是，他开始教母亲写自己的名字。他在纸上写下"陶华碧"三个大字，让母亲空闲时照着练习。面对几百个工人的管理，陶华碧没犯过难，面对与各政府相关部门打交道，陶华碧也能应付自如，面对生产和经营中的难题，陶华碧也能找到解决的方法，可是面对这三个字，她真是犯了难。看了一遍又一遍，却始终不知道该从哪下笔。"这三个字，好打脑壳哦（贵阳话：太难了）！"

可是，难也得学着写。就这样，她拿着笔左描右划地练了三天，终于把这三个字学会了。看着名字被自己写出来，陶华碧非常兴奋，并请公司全体员工加了一顿餐。

一直到今天，陶华碧会写的仍然只有自己的名字这三个字。

虽然陶华碧不识字，没文化，可是她却一直是公司的"技术总监"，用她自己的话来说就是："虽然我没文化，但我有技术"。为了保持灵敏的味觉和嗅觉，陶华碧从来不喝茶，也不喝饮料。经过不断的发展，"老干妈"

的产品线也开始逐渐丰富，除了传统的“老干妈麻辣酱”之外，又接连出品了牛肉末辣椒酱、辣子鸡辣椒酱、风味腐乳、香辣菜、香辣酱等产品。在这些产品的生产配料过程中，陶华碧只要闻一闻，就会立刻知道哪种料多放了，哪种料少放了，哪种料放错了。在她的严格把关下，“老干妈”出品的所有产品都做到了“一炮而红”。

"干妈式管理"，让我管13亿的公司很轻松

励志箴言：人与人之间的相处，贵在沟通和交流，亲情式的管理虽然少了些严苛制度，但有时候，理解和沟通要比严苛的制度更能约束人心，从而起到更好的管理作用。

有一次，公司召开全体员工大会，陶华碧对大家说："有一次，有几个邻居老阿姨问我，说你都已经这么有钱了，还苦哈哈地拼哪样哦？我回去想了一个晚上，也没想出个味来。不过，今天看到你们这些娃娃，我终于想出点味来了——企业我带不走，这块牌牌我也拿不走。毛主席说过，未来是你们的。我一想呀，我这么拼命搞，原来是在给你们打工哩！你们想想是不是这个道理？为了你们自己，你们更要好好干呀！"

陶华碧就是这样一个实在的人，说的都是实在的道理，在管理公司的时候，她用的也是实实在在的方法。

公司挂牌成立后，工人人数一下子增加了好几倍，这时候，巨大的管理压力摆在了陶华碧的面前。她的管理之路仅仅走过一年，而且面对的只是40名工人，所以在没有更好的管理经验之前，她只好延用此前办工厂时"以身作则"的管理方法，凡事亲力亲为，为工人们做榜样。

直到儿子李贵山进入公司之后，终于帮助陶华碧制定了一套"老干妈"

的规章制度。这份规章制度很原始，带着浓厚的乡土气息。其实说是规章制度，其实只不过是一些最简单的“不能迟到”、“不许偷懒”之类的条款。虽然这套规章制度十分简单，但是却一直延用至今。十几年来，“老干妈”早已从一个名不见经传的地方小公司发展成为全国乃至全世界都闻名的、年产值几十亿元的大公司，最初制定的规章制度居然一直延用，这简直让人不可思议。但这却实实在在地就发生在“老干妈”，之所以从未改动，是因为这个简单的制度让“老干妈”在十几年的发展中始终保持稳定，公司内部从来没有出现过任何管理方面的问题。既然管用，为什么不用呢？陶华碧的管理就是这么简单。大道至简，说的正是这个道理。

有了儿子李贵山的帮助，公司的规章制度很快建立起来，文件的批阅工作也解决了，生产销量也上了轨道，但是陶华碧还是觉得公司需要更多的人才。于是不久之后，她又招聘来一个大学生。尽管招来的新人有本科学历，但陶华碧并没有一下子就把他放到管理的位置上。怎么培养这个人才为自己所用，又怎么留住这个人才帮助公司发展，这些问题陶华碧一直在思考。虽然她没有文化，但在培养人才方面她却有着自己独特的“绝招”。

陶华碧招聘这个大学生，是想让他做公司的办公室主任。但是刚开始，陶华碧却把他发配到车间里干杂活。然后，又派他到全国各地去考察市场，打假。经过陶华碧的这一番番“打磨”，半年之后，这位办公室主任才正式上任。而这个人，如今就是“老干妈”公司里的“三把手”王海峰。

陶华碧用这种“打磨”的方法为公司招来了管理人才，那么面对庞大的员工团队，她又是怎样做的呢？在这方面，她也有自己的方法，那就是实行亲情化管理。所谓亲情化管理，就是对员工进行“感情投资”，真诚对待每位员工，讲真情，付真心。

当然，感情投资不能光靠嘴说，陶华碧把这些都实实在在地体现在了各个方面，其中最显著的一条就是公司的福利待遇。

当时，公司位于贵阳的龙洞堡，那里离贵阳的市区比较远，附近也没什么吃饭、住宿的地方。如果吃住问题不解决好，员工的心自然无法安定，也必然会影响公司的正常运作。于是，陶华碧决定，所有员工一律由公司包吃包住。于是，她开始出资为员工建宿舍，建食堂。不管是最初时的200人，还是现如今的2000多人，也不管工花多大的"血本"，包吃包住这一员工福利一直延用至今，陶华碧从没改过主意。这一福利待遇，在整个贵阳市的所有企业中都是拔尖的。

当然，陶华碧的亲情管理并不仅仅体现在员工福利这一方面，而是体现在日常工作、生活的各个方面。

贵州人过年过节都有吃狗肉的习俗。于是，陶碧华就专门建了一个养狗场，每年冬至和春节都会犒劳大家。虽然公司已经拥有了2000多名员工，但陶华碧竟然能叫出60%的人名，并记得他们的生日。每当有员工过生日，她都会亲自送上一份礼物，当然也一定少不了一碗长寿面和两个荷包蛋；每当有员工结婚时，她都会亲自当证婚人；每当有员工家中出了大事小情，她都会第一时间把问候送到，遇到有困难的员工，她也会慷慨相助；员工出差时，她总是像老母亲送儿女一样，亲手为他们煮几个鸡蛋，然后把他们送到厂门口，直到车开走了才转身离开……像这样温暖人心的小事多得数不胜数。她不仅对员工讲真情，而且遇到有问题的员工也从来不会立刻剔除，而是耐心地教导。

公司食堂有个来自农村的厨师，父母很早就去世了，家里还有两个年幼的弟弟需要他照顾。可是，这个厨师平时又抽烟又喝酒，每个月1000多元的工资，常常不到月底就被他花光了。陶华碧知道这个情况后，很为他担心，便开始想办法帮助他。有一天下班后，她把这个厨师专门请到了饭店，请他喝酒。厨师有些不知所措，这时候陶华碧语重心长地对他说："孩子，今天你想喝什么酒就要什么酒，想喝多少就喝多少。不过，从明天开始，你就要戒烟戒酒。因为，你得把工资省下来去供两个弟弟念书，千万别让他们像我一样一个大字不识。”厨师听了她的这番话，当时羞愧难当并深受感动，他当即表示：从今往后，一定戒烟戒酒。虽然厨师已经下了决心，可陶华碧还是有点不放心，她知道，烟酒可不是说戒就能戒掉的。于是，她又想出了一个好办法，每个月发工资时，只发给他 200 元零花钱，其余的钱则由自己替他保管。如果家里的弟弟上学用钱时，再从她那支取，陶华碧俨然成了他的“理财师”。一个大企业的老板居然帮助一个普通的厨师理财，这在其他公司是根本不会发生的事情，但在“老干妈”，这样细微处见真情的事情却有很多很多。

十几年来，很少有员工离开“老干妈”，即使有些人因为某种原因离开之后，也还是想回来。有一次，一个员工离开公司后，换了几家公司都干得不太顺心，因为无论在哪里也体会不到“老干妈”的亲情化管理。他十分想回来，却又不好意思跟陶华碧说，毕竟当初他是主动离职的。于是，他就托人带话给陶华碧，说自己想回来。结果陶华碧一听，立刻表示欢迎，“我也一直惦记着他呀！”

虽然没文化，但陶华碧明白这样一个道理：帮一个人，感动一群人；关心一群人，肯定能感动整个集体。她在公司内部实施的这套亲情化的“感情投资”，果然使公司的凝聚力成倍增加。在公司里，员工从来没人叫她董事长，全都叫她“老干妈”。上下同心，企业又怎会不发展壮大呢？在她的感召下，全体员工拧成一股绳，为“老干妈”的迅速发展努力拼搏。2000 年年末时，公司的员工已迅速壮大到 1200 多人，产值更是接近 3 亿，上缴国家税收 4000 多万元。仅用了 3 年半时间，“老干妈”就轻松步入了“亿元大企业”的阵营，发展速度可见一斑。

当然，除了亲情化管理，陶华碧对科学管理方法也很崇尚。从公司创建的第二年开始，她就把管理人员轮流派到广州、深圳和上海等地，让他们去考察市场，并到一些知名的企业学习先进的管理经验。她对这些管理人员说："我是老土，但你们不要学我一样，单位不能这样。你们这些娃娃出去后，都给我带点文化回来。"

除了"干妈式管理"以外，在公司的结构设置上，陶华碧也有着自己的特色。一直到今天，"老干妈"从来没有董事会，整个公司只有5个部门。而且，公司也从来没有副董事长和副总经理，在陶华碧这个董事长之下有两个人，一个是总经理，负责业务，一个办公室主任，负责行政。陶华碧要求公司的管理团队要忠诚、勤勉、低调，绝不能接受外界采访。所以时至今日，媒体上有关"老干妈"管理层的消息少之又少。这让"老干妈"的管理团队，几乎成了目前中国大型企业中最神的一个组织。

但是，无论是精简也好，还是"神秘"也罢，事实证明，这支管理团队很有战斗力，把一个年产值高达几十亿元的公司管理得井井有条就是最好的证明。

钱是一张纸，名声最重要，靠诚信“辣”出财富

励志箴言：无论是做人做事，还是商场论道，诚信都是人人必须遵守的准则。做人做事没有诚信，就会人人鄙弃，无法在社会上立足；经商没有诚信，企业就无法在市场中生存发展。

对外经营一个字——诚

曾经，有媒体采访陶华碧时问了她这样一个问题：您今天的企业能够这样成功，您觉得主要靠什么？陶华碧的回答中有这样一段话：

“我们不想当官，就要做实业，要上对得起祖宗，下对得起百姓，还要对得起党和政府。我实实在在、诚诚恳恳的做，讲质量，还要讲产量。过去十多年，老干妈基本上没有发生质量安全事件。

我这个人脾气不好，但我的心诚，不说假话，说真话，说实话，赚清清白白的钱。对人要诚，对人要忠，不管对谁，我觉得诚诚恳恳好一点。先做人，后做本，你人都不会做，怎么经商呢？诚信做人、诚信经商、诚信纳税，你就不怕，我们要子子孙孙这样做下去。”

从这段话中我们可以看出来，诚信是陶华碧始终坚守的一条经营准则。

当公司发展到一定程度后，怎样去开拓新的市场，怎样去争取更多的新客户，成为了陶华碧亟待解决的一个大问题。她的策略很简单，也很朴

实，那就是不坑人、不骗人，不但自己要赚钱，也要保证跟自己合作的人也赚到钱，这些简单的道理归结起来就是，用诚信去获得双赢。为此，她专门召开经营管理大会，对全体员工说："都说无奸不商，我就偏偏不信，我偏偏要'宁可人人负我，我决不负客户！'请大家一定牢记这一点，在市场竞争中以诚信经营立足，取胜！"

提到"老干妈"的诚信，有几件事情不得不说。

诚信故事之"重奖销售商"

2001年年初，"老干妈"在广州的一个销售商把年销售目标定到了3000万元。计划报到陶华碧这里之后，比照上一年全国各代理商的销售情况，她认为这个目标有些定得过高了，根本不可能完成。于是，她把自己的顾虑跟这个销售商说了。可是这个销售商却一再保证，一定可以完成。看到销售商这么有信心，陶华碧也被他感染了，于是就半开玩笑地说："如果你真能实现这个目标，那么到年终时我就奖你一辆轿车！"

当时，听到陶华碧的话，这个销售商并没有当真，以为她只是随口说说而已。因为他早就听说，陶华碧是个特别节俭的人。从前过苦日子的时候，节俭是生活下去的必要选择，可即使成立了公司，当了老板，钱越赚越多了之后，她却从来没给自己配一辆轿车。平时出门办事，大多都是去挤公交车，即使是去税务所交税，也总是在包里揣上两个馒头，坐着农用车往返。这样一个节俭的有些"抠门儿"的老板怎么会舍得花钱给外人买轿车呢？况且自己这样夸下海口，多半也是为了给自己增添点士气，至于能不能完成3000万元的销售任务他心里也没底。

可是到了当年年底，这个销售商真的完成了3000万元的销售额，他自然十分高兴。当然，他也早就把陶华碧年初时的承诺忘得一干二净了。

可是让他怎么也没想到的是，陶华碧真的兑现了自己的承诺，奖给了他一辆捷达轿车！这件事很快就传开了，全国各地的销售商们得知这个消息后都感叹道："还是'老干妈'最讲诚信啊！对她这样的人，谁还会忍心骗她！"从那之后，全国各地的销售商开始集体发力，为"老干妈"的销售打开了更广阔的局面。

其实，在陶华碧决定奖给这个广州销售商捷达轿车的时候，公司里其他一些管理层人员都表示不同意。他们认为，销售商完成销售额，已经获得了应有的利润，而且是一大笔利润，所以，公司根本没必要再给他额外的奖励。但陶华碧却说："人要讲信用，说出去的话就像泼出去的水，不负责任怎么取信于人？"最后，她力排众议，兑现了诺言。

诚信故事之"酱瓶漏油事件"

陶华碧不仅对各地分销商严守"诚信"这一原则，在对自身产品质量的把关上，她更是一严再严。

另外一件事也发生在2001年。那一年，公司新生产的一批麻辣酱刚刚上市不久，就有客户把"有的瓶子封口不严，有往外漏油的现象"的情况反馈给公司。陶华碧得知这一情况后，十分着急，立即要求相关部门迅速查处。这时候，一些对手公司不知道怎样很快知道了这个消息，于是便开始通过各种途径对"老干妈"进行攻击。这件事，立刻成为"老干妈"自创建以来面临的最大一次危机，如果处理不好，很可能造成无法挽回的损失。

很快，公司的质检部门就查出了漏油的原因，原来是这一批次中的某些的酱瓶出了问题，导致瓶子封口不严。这一批次的酱瓶是一家与"老干妈"长期合作的玻璃厂提供的，一共800件（每件32瓶）。这时候，一些管理人员向陶华碧建议说："通过汇总一些客户反馈回来的消息可以看出，出现问题的只是个别瓶子，数量并不多。好在这批货刚发出去不久，我们可以紧急把货追回来，重新检查、重新封口就可以了。”可是陶华碧说：“不行！这件事关系到公司的信誉！马上派人到各地追回这批货，然后全部当众销毁，一瓶也不能留！”“这可是整整 800 件货啊，全部销毁，那一下子就是十几万的损失啊！”“损失再大，也没有在市场上失信的损失大！”

最后，这 800 件货被全部追回，并全部销毁。从表面上看，这件事确实给公司造成了很大的损失，但是却也给公司带来了比损失更重要的信誉。人们因此而看到了“老干妈”信守质量的决心，市场和客户的信任，这可是花多少钱也买不回来的！“老干妈”因祸得福。

“钱是一张纸，名声最重要，做老板首先要会做人。坑人骗人，人家口水都要把你淹死。”这是陶华碧经常挂在嘴边的一句话，她是这么说的，也是这么做的。自从“老干妈”创建以来，公司产品的合格率一直是 100%。

诚信让陶华碧赢得了好声誉，也尝到了甜头，这使她更加坚定地把诚信当作了发展企业的法宝。她自信地说：“我不懂什么时髦的管理方法，我就靠诚信，我要诚得别人不忍心骗我！谁要是骗了我，别人就会说：‘你连她都忍心骗啊？’谁就在同行中臭名远扬，难以立足！”

诚信故事之“绝不用一颗坏豆豉”

虽然陶华碧说的是大白话，但也确实是企业经营中人人都应该遵守的规则。可是有些人就是不愿遵守这些规则，他们想到的只是自己的利益，为了利益，他们可以昧着良心。结果呢？自然会像陶华碧说的那样“臭名远扬，难以立足！”

有一次，由于公司的产品销量大幅提升，致使供货情况吃紧，必须抓紧生产，以备供货之需。可是这时候，偏偏豆豉原料存货不够了。于是，负责原料采购的人员立即跟重庆的一家豆豉酿造厂取得了联系，让对方尽快来送十几吨豆豉。这家重庆的工厂并不是第一次跟“老干妈”合作，以前他们送来的货，质量都是很过关的。很快，重庆的工厂就把豆豉送了过来。由于生产情况紧急，一刻也耽误不得，所以负责原料检验的质检人员并没有对这十几吨豆豉一一按检验程序来仔细检验，只是对上面一层货进行了必要的检查，结果一点问题也没有。于是，就开始让工人卸货。

可是，刚一卸货就发现了问题。原来这一大车豆豉，只有摆在上面和外面的是质量好的，里面的居然都馊了。重庆工厂的人看见露了馅儿，赶紧说这些豆豉在重庆装货的时候质量都是好的，可能是由于运输过程中的保存不当所以才发生了一些变质，其实问题并不严重。如果经过一些特殊处理，用来做麻辣酱一点问题也没有，而且还保证，如果“老干妈”收下这批货，他们会给予一定的优惠。质检人员做不了主，赶紧把情况汇报给了陶华碧。陶华碧听后非常生气：“这种事情还来问我？难道你们想收下这批货？立刻退货！”这时候，有人劝她说，其实重庆工厂的人说得也有一定道理，这批豆豉的质量还没到完全不能用的地步，而且现在生产任务紧迫，如果不收下这批货，就会耽误生产，造成损失。陶华碧把说这话的人臭骂了一顿，“别说是十几吨坏豆豉，就是一颗坏豆豉也绝不能让它进了‘老干妈’的生产车间！”最后她坚决退了货，公司自然也因为缺原料而停产了两天，造成了很大的损失。

虽然公司因此损失很大，但陶华碧却一点也不后悔，她绝对不能容忍对消费者有一丁点儿的欺骗。这件事过后，“老干妈”为顾客真诚负责的精神再次感动了人们，而“老干妈”在市场上的信誉自然更好了。再来说重庆那家豆豉酿造厂，自从这件事之后，立刻成了“千夫所指”的过街老鼠，在同行业的信誉一落千丈，并很快破产倒闭了。

凭着诚信，“老干妈”在同行中赢得了广泛的信誉。企业不断壮大，品牌广为人知，利润更是逐年增加。诚信，为陶华碧带来了无尽的财富。

坚决维权："难道我还要怕假货吗？"

励志箴言：商标是企业的立足之本，也是企业竞争的有效"利器"，如果保护不了商标，企业就无法生存。因此，面对商标之争，必须强硬到底。

商标，商标

世界管理大师杜拉克将商标称为"不尽的财富之源"，一语道破商标对于企业的重要意义。现代市场的竞争，在很大程度上都表现在商标之战中。作为企业的一种无形资产，商标已经不再只是企业的商品或服务的标志，而成为了企业在市场竞争中的一把利器，如果运用得当，一定会让企业无往不利。所以，如果企业想要在竞争激烈的市场中拥有一席之地，不仅需要创建属于自己的商标，同时更要有强烈的商标经营意识，保护好自己的商标，让它在市场竞争中发挥出最大的威力。

美国的可口可乐和百事可乐，中国的王老吉和加多宝，诸如此类关于商标竞争的商业案例数不胜数，遍及中外。许多企业在发展过程中都曾遭遇过"商标之惑"，"老干妈"也不可避免地在这个问题上遭遇了诸多的磨难。

在成立公司之前，陶华碧的工厂已经运转了一年时间，虽然时间不长，但“老干妈”的名号已经在贵州省内广为人知了。公司成立后，随着产量的加大和销售渠道的拓宽，“老干妈”的名号自然越叫越响。可是，由于没文化，更不懂得品牌经营的方法，所以陶华碧根本没考虑过商标的问题。可是长子李贵山是个文化人，他在这方面的意识要比母亲强得多。加入公司管理团队之后，李贵山立刻意识到，如果公司想尽快摆脱小作坊的身影，继续做大做强，就必须尽快注册商标，这样才有机会淡化豆豉辣酱身上这种区域性的标签，打入到全国主流调味品市场当中。而且，注册商标还可以防止别人打着同样的旗号来扰乱市场，对公司造成威胁。

听了儿子的话，陶华碧也意识到了商标的重要性，于是立刻让李贵山去解决这件事，一天也不要耽误。李贵山准备好材料之后，便开始向工商局申请注册“老干妈”这个商标。可是工商局却拒绝了他们的申请，理由是“干妈”两个字是普通的人称称谓，用作商标缺乏显著特征。李贵山不甘心，便一趟趟地往工商局跑，可是一直跑了三年，商标还是没有注册下来，工商局给出的理由还是那一个。

作为一种麻辣酱，“老干妈”其实并没有什么特别高的技术含量，只不过在配方和制作上工艺有一些特殊之处，所以在品牌名称和外包装方面都很容易被仿冒。在长达三年多的商标注册过程中，给了仿冒者可乘之机，“老干妈”不可避免地遭遇了许多仿冒者的“挑衅”。

“老干妈”发展起来之后，许多人开始眼红，加之“老干妈”的商标一直没有注册下来，所以全国各地陆续出现了50多种“老干妈”。面对这些“李鬼”，陶华碧绝不姑息，她开始花大力气去打假。她每年拨款数百万元成立了贵州民营企业的第一支打假队，派人四处卧底调查，开始在全国范围内打假。前面提到过，现任总经理李海峰在刚进入公司时，就曾被陶华碧派出去打过假。

可是，无论陶华碧投入多少人力、物力、财力，假冒的“老干妈”却像雨后春笋一样层出不穷，怎么打也打不完。

真假“老干妈”之争

在这众多的假冒者当中，对“老干妈”造成威胁最大的是湖南华越食品公司，双方关于“老干妈”的商标之争长达三年。在维护自己权益的过程中，陶华碧始终没有放弃，她相信自己“真金不怕火炼”，而最终，她也赢得了这场胜利。

虽然屡次注册商标未果，但从 1996 年 8 月开始，李贵山就为“老干妈麻辣酱”专门设计了一种独特的瓶贴。瓶贴的整体图案以红色为基调，图案中部为陶华碧的肖像；肖像下边是独特的“老干妈”三个字，肖像两边分别写着“实惠饭店”和“风味豆豉”八个字，这八个字均置于黄色椭圆形图案内；整体图案左部为产品说明文字，右部为产品配方和执行标准等文字，在这些文字的上下两边分别写有“香辣突出”、“优雅细腻”和“贵州特产”、“精工酿造”等字，这些字置于黄色椭圆形图案内。1997 年 12 月，李贵山就将他设计的这款瓶贴向中国专利局申请了外观设计专利，同时还将其在贵州省版权局进行了产品设计图纸的版权登记。8 个月后，也就是 1998 年 8 月，该款瓶贴获得国家外观设计专利。虽然商标一直没有注册下来，但是有了这款独特的瓶贴，“老干妈”暂时可以松一口气了。

可是让陶华碧没想到的是，本以为这款瓶贴可以维护自己的权益，可它却成了一把差点毁掉自己心血的“利器”，而向她提出挑战的是另外一家“老干妈”——湖南“老干妈”。

生产湖南“老干妈”的是湖南华越食品有限公司（以下简称华越公司），该公司成立于 1997 年 9 月，从时间上来看，只比陶华碧的公司晚成立了一个月。成立之后，华越公司就与贵阳南明唐蒙食品厂签订了协议，共同生产“老干妈”风味豆豉，并于同年11月开始上市销售。华越公司不仅用了“老干妈”的名号，而且也使用了几乎跟贵阳“老干妈”一样的瓶贴。在湖南“老干妈”的瓶贴上，除了换了另外一位女士的肖像之外，其余在色彩、图案、产品名称以及“老干妈”三个字的字体上都跟贵阳“老干妈”一模一样，只是将写有文字的椭圆形图案改为了菱形图案。1998年1月，湖南“老干妈”为这款瓶贴申请了外观设计专利，并于当年10月获得专利权。

1998年4月，华越公司与贵阳南明唐蒙食品厂结束了合作，此后，华越公司开始单独生产和销售“老干妈”风味豆豉等系列风味食品，同时仍以“老干妈”为商品名称，并继续使用原来的包装。同年12月，华越公司向国家工商行政管理局商标局申请注册“刘湘球老干妈及图”商标，并很快获得初步审定并公告。陶华碧当然不能坐以待毙，同年12月30日，也向国家商标局申请注册“陶华碧老干妈及图”商标，该商标同样获得初步审定并公告。

双方当然都提出了异议，但最终都被国家商标局作出了驳回异议的裁定，于是双方又都在法定期限内向国家工商局商标评审委员会申请复审。

为此，陶华碧和贵州官员找到国家工商总局，希望能讨要一个说法。可是得到的答复却是两个“老干妈”可以共生共存，一个湖南“老干妈”，一个贵阳“老干妈”，可以互不干涉。

“你把你家儿子分成两半，他一半、你一半，试试？这是我创造的牌子，我要珍惜它，为什么要让你来侵占？我不同意！”对工商总局的这种暧昧态度，陶华碧坚决不同意，她决定用法律来维护自己的权益。

于是，1999年11月30日，贵阳“老干妈”公司一纸诉状，将华越公司告上了法庭。经过长达九个多月的审理，最终北京市第二中级人民法院对本案作出一审判决，认定华越公司构成了不正当竞争，并判决华越公司停止使用并销毁与贵阳“老干妈”相近似的包装瓶贴，同时赔偿贵阳“老干妈”15万元。

一审法院之所以认定华越公司构成了不正当竞争，理由是贵阳"老干妈"的产品已经得到特定地区广大消费者的认同和理解，在同类产品中市场占有率较高，具有一定的知名度，因此法律应该予以适当的保护。同时，贵阳"老干妈"公司使用的包装瓶贴也具有一定的独创性，也应予以保护。而华越公司设计的包装瓶贴明显有"搭便车"的故意，因此构成了不正当竞争。

可是，面对一审判决，陶华碧并不满意。在她看来，华越公司绝不仅仅只构成了不正当竞争，更重要的是构成了侵权，所以她立即向北京高级人民法院提出上诉。与此同时，华越公司也对一审判决表示不服，他们认为，在与贵阳南明唐蒙食品合作的过程中，他们只提供了技术，其他如包装瓶贴等都是由唐蒙公司设计并提供的，所以侵权责任应由唐蒙公司负责；另外，他们认为贵阳老干妈并不是知名产品，不可能造成同一地区消费误认等问题，之所以出现两个"老干妈"，主要是因欠缺信息沟通造成的不适当的竞争，华越公司并不存在主观故意。因此，华越公司不构成不正当竞争，也没理由对贵阳老干妈公司进行赔偿。

就这样，双方都向北京市高级人民法院提出了上诉。

就在两个"老干妈"紧张对峙、互不相让的关键时刻，事态的发展却出现了戏剧性的一幕。作为湖南"老干妈"的始作俑者之一，贵南明唐蒙食品厂厂长蒙开贵于1997年被逮捕。同年5月23日，蒙开贵假冒"老干妈"专利一案在贵阳市南明区人民法院开庭审理。蒙开贵交代，合作生产"老干妈"，是"华越方面要求这样做的，因为他们觉得贵阳南明老干妈风味豆豉的销路好"。同时他还说："就商业道德而言，我认为'老干妈'的品牌绝对应该属于贵阳'老干妈'公司。"

最终，2001年3月20日，北京市高级人民法院经过审理，对本案作出了最终的裁决，认定湖南"老干妈"侵权成立，判决其停止侵权，公开道歉，并赔偿贵阳"老干妈"经济损失40万元。历时近一年半的诉讼终于获得了胜利，陶华碧终于松了一口气。

可是让陶华碧没想到的是，终审判决过去了两个多月，判决结果一直未得到执行。因为华越公司对终审判决依然不服，他们认为，华越公司已经向国家工商行政管理局商标局申请注册了“刘湘球老干妈及图”商标，并获得了初步审定和公告，所以自己并未侵权。于是，两个“老干妈”又从法院“打”到了国家商标局，分别对对方的商标提出异议。

在打官司的过程中，陶华碧付出了大量的财力和精力，许多人都曾劝她放弃官司。但陶华碧却始终是那一句话：“我才是货真价实的‘老干妈’，他们是歲货（贵州话：假货），难道我还要怕歲货吗？”面对商标之争，陶华碧的犟劲显露无遗。

面对这个棘手的问题，国家商标局一直也在自我斗争。直到 2003 年 5 月 21 日，也就是终审判决过去两年多以后，国家商标局才作出终局裁定。裁定的内容是：“老干妈”首先由贵阳“老干妈”公司使用于其生产的风味食品，在较短时间内畅销全国，“老干妈”已经与贵阳“老干妈”公司及其生产的风味豆豉密切相联，具备了标示商品来源的显著特征；贵阳“老干妈”公司对华越食品公司的异议成立，华越食品公司对贵阳“老干妈”公司的异议不能成立；核准注册贵阳“老干妈”公司的“老干妈”商标，驳回华越公司注册“老干妈”商标的申请。不仅如此，国家商标局还对华越食品公司在第 29 类商品上注册的“刘湘球老干妈及图”商标予以撤销。

历时三年，从法院“打”到国家商标局，陶华碧终于获得了胜利，维护了自己的权益。

时隔多年，再次谈到这场官司时，陶华碧仍然情绪激动，掷地有声：“大家可以公平竞争，要讲究正义和良心，你要有本事，自己去创造一个品牌，我觉得你是伟大的。但我们有一个品牌，你就仿冒、搭车，甚至去抢注，那不行。我创出来的，就得是我的。我这个人，真金不怕火炼，我不怕。”

不贷款，不偷税，不上市：有多大本事做多大事

励志箴言：人生需要有目标，有了目标才有动力，才有方向。但是目标切忌太大甚至太盲目，如果远远超过自己所能承受的范围，就会白白浪费时间和精力。脚踏实地，有多大本事定多大的目标，这样才有机会得偿所愿。

不贷款、不欠账，保持现金流

从小作坊时代到如今年产值几十亿元的大企业，从第一次买玻璃瓶的几十块钱到如今日销售额过千万，陶碧华一直秉承的都是现金交易。正如她说的那样："我从不欠别人一分钱，别人也不能欠我一分钱。"为了保证公司现金交易的原则不被打破，"老干妈"在经销商管理上也一直比较严格。要想成为"老干妈"的经销商，必须先要交数千万元的押金，以证明你的经济实力，如果没有这笔押金，一切免谈。

"老干妈"基本上不赊账，而且也从不退货。作为经销商，如果进的货多了卖不出去，想要退给"老干妈"厂家是不可以的，除非产品质量出了问题。也就是说，进多少，你自己就要消化多少。当然，经销商们从没有人退货，不仅仅是因为"老干妈"不接受退货，更主要的原因是"老干妈"的产品根本不愁卖。

说到不欠账，陶华碧对员工的工资、奖金，更是从来一分都不拖欠，用她自己的话来说就是："我也不欠员工一分钱，拖欠一分钱我都睡不着觉。"

在保持现钱交易的经营原则下，创建至今，"老干妈"从来没有库存，也没有应收账款和应付账款，账面只有高达十数亿元的现金流。

当然，作为如今一家年产值数十亿元的大企业，"老干妈"一点也不缺钱，但是在刚开始创业的那几年，资金难题也曾困扰着陶华碧。但是，从始至终，她都没有向国家贷款一分钱，这跟创业初期的一次贷款经历有着很大的关系。

2001 年，随着产品销售渠道的日趋完善，公司已经在市场稳稳站住了脚。这时候，扩大生产规模已经成为陶华碧面临的一个亟待解决的问题。要想扩大生产规模，自然要再建一处厂房，这当然需要一大笔资金。当时，公司的大部分资金都压在原材料上，于是有人建议她可以找政府帮帮忙。陶华碧找到了贵阳市南明区委，区委对此也十分重视，立即协调建设银行为她办理贷款。经过区委在中间协调，事情很快有了眉目，于是区委办便给陶华碧打了电话，让她去洽谈贷款的相关事宜。

于是，陶华碧便带着公司的会计赶到了区委。当时，区委的办公楼很破旧，电梯也很旧，而且门也坏了。陶华碧走出电梯时，由于衣服被电梯门刮住而不小心摔倒了。跟着她一起来的会计以为她会发火，谁知，她站起来却说："你们看，政府也很困难，电梯都这么烂，我们不借了。"会计以为她是在开玩笑，她却叹了一口气接着说："我们向政府借钱，给国家添麻烦。真不借了，我们回去。"这里面有个小误会，因为陶华碧之前从没贷过款，也不知道政府协调银行贷款是什么意思，她以为贷款就是向政府借钱，看到政府都这么艰苦，所以就不忍心再给政府添麻烦了。

就这样，在这个"误会"下，陶华碧那次并没有向银行贷款，而是自己想办法解决了建厂房的资金问题。当然了，那之后她也明白了贷款并不是向政府借，但对于当初的选择她还是没有后悔。

其实，说陶华碧从来没向银行贷过款，这个并不绝对。因为在“老干妈”发展壮大起来之后，她确实也贷过款。只不过，那时的贷款，意义已经跟一般的贷款有很大不同了。一般的贷款是因为企业出现了资金缺口而不得不贷，而“老干妈”却从不缺钱，陶华碧决定贷款，主要是碍于情面，因为银行不断托人找上门来请她贷款，三番五次之后，她只好答应了。那是她第一次贷款，当然，也是唯一的一次。

陶华碧之所以不向银行贷款，除了不想给政府添麻烦以外，还有一个很重要的原因。在她看来，如果贷了款，钱自然来的容易，那样就会没有压力，没有压力就会没有动力，就很难做到努力奋斗。没有努力奋斗，哪来企业的做大做强呢？所以，即使面对的是政府的大力扶持，陶华碧也从来都是拒绝接受，她认为只要踏踏实实地努力，不欠别人一分钱，这样企业才能持久。

不偷税，不欠国家一分一厘

交税是任何一家企业都无法规避的一件事，也是企业应尽的义务，可尽管如此，还是有一些企业天天抱怨税赋过重，甚至为了私利开始想尽办法拖延交税甚至偷税漏税。“老干妈”跟这些企业恰恰相反，从来都是主动积极交税，从不欠国家一分一厘。

偷税漏税还来不及，还主动交税？很多人都认为陶华碧有点憨。可她却不这么认为，在她看来，交税是应尽的义务，早交也是交，晚交也是交，所以为什么不主动一些呢？而且，自己主动积极交税，还可以说明自己的企业有实力，也证明自己有能力。所以，主动交税绝对是一件很光荣的事情。除了主动交税外，“老干妈”的账目也是公开透明的，随时接受相关部门的核查。主动纳税、账目公开，这些做法，让“老干妈”在面对各种年检甚至一些行业潜规则的时候，从来都是光明正大，一身正气，让人挑不出一点问题。正如她说的，“干干净净，一身清白。”

关于主动纳税，有两个小故事不得不说。

贵阳市南明区每年都要举办一次纳税大户评选大会，有一年，“老干妈”公司在评选中获得了第二名。宣布完评选结果之后，陶华碧立即拍案而起：“你个狗日哩，给老子查清楚，我明明纳税第一，怎么给我弄到第二，30万税款你们给我弄哪里去了？”

原来，在这次评选中，南明区的税务部门在核算“老干妈”所交的税款时，少算了30万，结果“老干妈”因此丢掉了第一纳税大户的称号。为了平复事态，税务部门想在私下给“老干妈”补上这笔税款，但纳税大户评选的结果已经没办法再更改了。可是陶华碧却不想被这么糊弄过去，她要的不是那个“第一”的称号，也不是为了奖品奖金，她只是要一个公开的说法，因为这事关企业的声誉，绝不容许一丁点儿马虎，“必须在大会上公开给我个说法，这是你们的工作，也是你们的职责！”

因为纳税，陶华碧甚至还和税务部门的人打过架。有一次，陶华碧主动去税务局交税，当时快下班了，工作人员说要去学校接孩子放学，所以让她改天再来。陶华碧一听这话，非常生气，自己主动来交税，居然还要面对刁难？她心里咽不下这口气，于是便上前跟那位工作人员理论了一番，最后工作人员给她办理了交税的手续。

陶华碧之所以三番五次跟税务部门的人员斗气，当然并不是在逞威风，她只是朴实地认为，自己的企业清清白白主动纳税，自然应该得到应有的尊重。主动交税是自己的义务，而为企业提供良好的服务则是税务部门的职责。

不上市，不被并购

随着国家整体经济的发展突飞猛进，私营企业的发展也迎来了许多机遇。从 2002 年开始，许多国内知名品牌都开始走上了融资上市或并被购之后上市的道路，目的当然很明显，通过资本运作，让企业的发展前景更广阔，让品牌效应发挥到最大化。企业做大了，都想上市融资，这几乎是一个必然的发展规律。但是，作为土生土长的私营企业，"老干妈"在扩大公司规模这件事上一直保持着固执的谨慎。

2003 年，也就是"老干妈"打赢维权官司那一年，其年产值已接近十亿元。当时，贵阳市一些政府领导便开始向陶华碧建议，政府可以帮助"老干妈"借壳上市，融资之后扩大公司规模。这对于其他企业来说，几乎是可遇而不可求的事情，但是陶华碧却一口回决了。她是这样说的，"什么上市、融资这些鬼名堂，我对这些是懵的，我只晓得炒辣椒，我只干我会的。"为此，曾有政府官员感叹道，跟"老干妈"谈融资搞多元化，简直比和外商谈投资还要难。

当然，之所以反对融资、上市，陶华碧还有着更深一层的考虑。在她看来，所谓的上市融资就是在圈别人的钱，搞不好，就会倾家荡产，还会连累入股的人，等于骗人家的钱。另外，她也认为，上了市之后，钱来的就比较容易，这样人就不会有压力，从而失去动力，发展企业就成了一句空话。

"我打下的江山，我就把它做好，做专做精，我自己有多大能力就做多少事情。凭自己真本事做些事情，这样活得才有意义。不要想赚便宜钱，只要留得青山在，你还怕没得柴烧嘛。好生生去做，自己打下一片天，我觉得才是真本事，才有意义。人的一生当中，遇到困难的时候很多，但是我不怕。"这一段朴实的话，说出了陶华碧的心声，也彰显了她作为一个土生土长的农民创业者的自豪。

在经营"老干妈"的过程中，陶华碧给自己筑起了一道永久的保护伞——踏实经营，不偷税，不贷款，不欠钱，不控股，不上市，"我们有多大的本事，就做多大的事，实实在在来做，这样子比较长长久久。"

做老板，首先要会做人

励志箴言：一般来说，在创业初期，人总是要靠点运气和胆识的。但是，等企业发展起来之后，最终还是要靠实力，企业老板做人的实力。要知道，作为一个老板，个人魅力及修养才是帮助企业走得更长更久的核心因素。

要做老板先做人，做好人就要严格的要求自己。生意可大可小，但格局要大；人可上可下，但境界要高，这是不争的真理。创业时要艰苦奋斗，发展时要谨慎前行；成功时不要得意忘形，失败也不要心灰意冷。这样才是一个合格的老板。而陶华碧正是这样一个人，所以她如今是一个成功的企业家。

不怕困难的人

在陶华碧整个创业的过程中，曾遇到过各种各样的困难。丈夫去世后，为了抚养两个儿子，她做起了米豆腐生意。做米豆腐的原材料最近也要到离龙洞堡 5 公里以外的油榨街才能买到，由于交通不便，所以每次采购原材料时，她都只能背着背篼，赶最早的一班车去油榨街。由于当时车少人多，她的背篼又很占地方，驾驶员经常不让她上车，所以很多时候她只能步行到油榨街，买完材料后再背着七八十斤的背篼往回走。但即使是在这样困难的情况下，她也没有被压垮，而是坚持了下来，养活了孩子的同时也积攒了一些开小本生意的本钱。

接下来，她用卖米豆腐攒的钱开了一家小小的“实惠饭店”。可是刚一开张，就遭到了四面八方的“刁难”。她同样没有就此退缩，而是跟他们据理力争，有时候甚至会拿起炒瓢打一架。虽然她的脾气有点大，但却是一个很讲道理的人，所以，最后这些困难都迎刃而解。

成立公司后，管理员工的问题，产品质量的问题，产品销路的问题，一下子都摆在她面前，她同样没有退缩，而是迎难直上，一一解决。在公司发展的过程中，最大的困难当数与湖南“老干妈”的商标之争了。面对这个巨大的困难，陶华碧把自己自信、坚强、不屈不挠的精神完全发挥了出来。最终，她不仅获得了胜利，更重要是，通过这一件事，将全国各地想要仿冒“老干妈”的人全部打压了下去。从此，“老干妈”再无商标之惑。

谈到自己在创业路上经历的风风雨雨，陶华碧是这样说的：“从年轻走到老，我觉得人生的路没有平平淡淡的。没有经过风吹雨打，不算企业家；经过风吹雨打、日晒雨淋，才算真正的企业家。有些企业家你别看他说的，要看他实际做的才是真功夫、硬工夫，拿都拿不出来是见不得太阳，是在温室里长大的。我们是见得到太阳，经过日晒雨淋、风风雨雨走过来的。”

她就是这样一个不怕困难、迎难而上的人。

做事专注的人

有人曾向陶华碧请教，仅用了十几年时间，把一个村办小作坊发展成为一家年产值数十亿元的大企业，她靠的是什么？

这个问题的答案其实有很多种，靠吃苦耐劳的精神，靠捕捉商机的能力，靠各级政府的帮抚，靠大环境经济发展的带动，等等。当然，还有一条，那就是跟她只认准做麻辣酱这一件事有着密切的关系，也就是说，她的成功也在于她的专注。

在公司发展壮大起来之后，曾有人向陶华碧建议让企业走多样化道路，涉足一些最赚钱的行业，比如房地产。可是陶华碧拒绝了，她认为，“老干妈”能发展得这么好，靠的就是这么多年自己全部精力都放到了做麻辣酱这一件事情上。做房地产，或其他赚钱的行业，或许可以赚到更多钱，但那样的话，麻辣酱的事业绝发展不到这一步。所以说，有得必有失，有失必有得。总之，她认为，做企业不要总想着贪多贪大，而应该把自己的老本行扎扎实实做大做强，这样才能让企业发展一直延续下去。正如她说的那样：“我做本行，不跨行，就实实在把它做好做大、做专做精。不要想赚便宜钱，好生生去做，我自己有多大能力就做多少事情，自己打下一片天，才是真本事。这也做那也做，你哪有那么多的精力？我一心投入辣椒行业，越做越大，而且要做好。我们利很薄，就靠量，薄利多销。靠暴利那是不行的，滴水成河、粒米成箩。钱再来得快，也不能贪多。滴水成河，把一个行业做精。不要去贪大，要先把自己做强，做成精钢、好钢，吃的东西祖祖辈辈都可以延续下去。”

她就是这样一个做事专注的人。

艰苦朴素的人

陶华碧的艰苦朴素是出了名的，这当然跟她贫苦的出身有着直接的关系，但是即使是在有了钱甚至成为亿万富豪之后，她仍然未改朴素的本色。

自从“老干妈”建厂之后，陶华碧基本就开始吃住在厂里，全部心思都放在公司的发展上。公司发展壮大赚了钱之后，儿子给她买了栋别墅，希望她能住得舒服点，可她却没去住，因为住在厂里才能让她安心。有时候，儿子想让她去旅游，放松一下，可她还是不去，甚至有一次走到一半又返了回来。即使到北京去开会，也是天天盼着早点回到厂里，似乎听不到车间里的瓶子响，她就不踏实一样。

在公司，陶华碧的卧室就在办公室隔壁，里面的陈设十分简单。一张床，一个衣架，上面挂着几件半旧的衣服，床头放着的几个老式箱子还是她结婚时做的，一直留用到现在。外出时，她大多都是挤公共汽车，即使后来配了轿车，也很少坐。办公室的陈设也很简单，一张办公桌，几把椅子。唯一显眼的是办公桌后面的墙上挂着的一幅毛泽东像。和那个年代的许多人一样，陶华碧也对毛泽东有着很深的情感，“翻身不忘毛主席，幸福不忘共产党。爹亲娘亲不如毛主席亲。”

虽然现在公司的各个部门都已经有专门的管理人员来负责，但陶华碧还是闲不住，她每天7点起床，下车间，听报纸，每晚的新闻联播必看。在业余的时候，陶华碧跟中国农村千千万万的同龄老太太没什么区别，也喜欢打打麻将，但从来不赌大的，都是打赌注比较小的那一种。

陶华碧最欣赏比尔·盖茨和李嘉诚，最佩服的女性是吴仪。她曾说如果自己再次投胎，一定要生成吴仪那样，“投生了之后，我要当将军，上战场，我就打仗去。”

她就是这样一个坚苦朴素，不忘传统的人。

懂得感恩的人

在“老干妈”的发展历程中，贵州省各级政府给予了大力的支持，从而让“老干妈”发展成为与“贵州茅台”、“黄果树”、“贵州神奇”等并驾齐驱的全国知名品牌，同时也成为了贵州省土生土长的又一大知名品牌。如今，作为农业产业化国家重点龙头企业，“老干妈”已经在贵州省7个县建立了28亩的无公害辣椒基地，形成了一条从田间延伸到全球市场的产业链。

公司发展起来之后，名气越来越大，这期间不断有其他省、市邀请陶华碧到他们那里去办厂发展，并许诺了大量的优惠政策。其中有许多政策要比贵阳好得多，但是，陶华碧却都一一拒绝了。她说：“子子孙孙都要留在贵州发展，要在贵州做大做强，为贵州争光。”

她就是这样一个懂得感恩的人。

家族企业，一样能做大做强

励志箴言：企业的成功和发展靠的是企业领导的经营目标和经营方法，也要靠全体员工的通力协作，与之是不是家族企业并没有直接的关系。

中国本土有许多企业与"老干妈"有着相同的"出身"，即都是从"路边摊"起家的。但是，能够像"老干妈"这样，一直恪守创业之初自主发展理念的企业却并不多，其中有许多企业在逐渐发展壮大之后都开始接受外部投资，目的就是为了能够加快发展步伐，同时也为了能够消除身上曾有的"家庭化"的印记，如"小肥羊"、真功夫"和"傻子瓜子"等。

创业至今十五年，"老干妈"一直坚持自我积累滚动式发展，在大家都忙着抹掉"家庭化"印记的时候，陶华碧却有着相反的观点，她认为，家族企业一样可以做大做强："谈到家族企业，外界不看好，我不那样看，没有家族企业，企业是赚不到的。不是一家人，就容易各是各的心，要同一条心，才能企业做大，才有和谐社会。"

陶华碧之所以对家族企业这样有信心，是因为家族企业有着许多成功的案例可循。西方国家的许多知名企业都是家族企业，比如洛克菲勒、迪士尼、强生、沃尔玛、宝洁等等，这些企业一直都沿承着家族企业的模式，历经几百年，仍然在不断向前发展。不仅仅是西方国家，中国也有许多知名的家族企业，比如李嘉诚的长江实业，荣智健的中信泰富，鲁冠球的万向集团，郭台铭的鸿海集团等等，这些企业不仅一直生机勃勃，而且也几乎都站在了中国民营企业的顶峰。

所以说，有这么多“先辈”可以参照，陶华碧并不觉得家族企业会发展不起来，相反，她认为，会发展得更成功、更强大。当然，陶华碧也知道，家族企业并不是不要现代化企业管理的机制，而是要学会将现代化企业管理机制融入到企业内部，进行科学合理地利用，使其发挥出最大的效能。

事实证明，陶华碧的坚持是正确的。经过十五年的发展，“老干妈”确实给陶华碧争了一口气，一直以稳健的增长速度不断向前发展前进着。

从 1998 年到 2006 年，是“老干妈”第一个飞速发展的时期，下面这组数据可以很直观地体现出了这一辉煌业绩。

1998 年企业产值 5014 万元，上缴税金 329 万元。

1999 年企业产值 1.26 亿元，上缴税金 1500 万元。

2000 年企业产值 1.5 亿元，上缴税金 2464 万元。

2001 年企业产值 2.15 亿元，上缴税金 3700 万元。

2002 年企业产值 3.8 亿元，上缴税金 5188 万元。

2003 年企业产值 6.25 亿元，上缴税金 7800 万元。

2004 年企业产值 8.08 亿元，上缴税金 7500 万元。

2005 年企业产值 10 亿元，上缴税金 1.4 亿元。

2006 年企业产值 12 亿元，上缴税金 1.67 亿元。

从 2005 年开始，“老干妈”的产值就开始突破了 1 亿元，全国乃至世界各地的订单纷至沓来，产品供不应求。这时候陶华碧意识到，企业到了应该转型的时候了。以往，“老干妈”的生产技术一直都依赖一大批创业初期的技师，他们有着十多年的工作经验，掌握着配料的比例、炒制的火候、灌装的技巧等核心技术。可面临着越来越多的订单，如果继续遵循这种传统的手工生产模式，那么短时间内企业就很难在产品数量和质量上实现突破。于是，陶华碧决定把技术创新作为企业发展的首要任务来抓。

2006年至2008年，陶华碧投资1亿元实施一期技改，完成出口产品半自动燃气炒锅炒制品工艺、灌装半自动化、自动广口瓶清洗、消毒、烘干机、配料、车间以及大型综合库房等项目。2009年，继续投资2.9亿元向全自动化冲击，完成机械化封盖、自动贴标、自动封箱、卸垛机、码垛机、自动炒制机等项目。2012年，第三次技改创新——全智能化生产已全部完成。

在实施技改之后，"老干妈"的年产值更是翻倍上升，2007年企业产值13.5亿元，上缴税金1.8亿元；一期技改完成后的2008年达到18.8亿元，二期技改后的2012年产值更是跃升至33.7亿元，上缴税金4.3亿元，待三期技改完成的2020年，预计将达百亿元……

在不断进行技术改革创新的同时，陶华碧也一直在不断开辟新的销售渠道，以期实现产销共同上升的远景。在国内，分布于各省、市、县区的经销商已经为"老干妈"构建了一条完善且成熟的销售链条。所以，要想开辟新的销售渠道，就要把目光对准海外了。

在2007年以前，"老干妈"外销主要采用传统外贸出口方式，对外贸公司倚重较大。这样的出口方式，使得产品在外国市场上的销售处于自然销售状态，而对于公司来说，这样就很难有效掌控海外市场，进而影响海外市场的进一步开拓。为了解决这一问题，从2009年起，陶华碧决定把国内的这套销售渠道"照搬"到海外，即直接在海外市场设授权代理商。

在海外选代理商，陶华碧为此制定了更严格的考察措施，除了要求代理商具备一定的资金实力以外，在质量跟踪、安全保障、月度考核以及市场拓展月等方面也制定了极其严格的制度。同时在开拓市场的过程中，不断修正和调整切合当地实际的市场营销方案。

“老干妈”签定的第一批海外代理商，包括中国香港、中国台湾以及日本等国家和地区。经过几年的发展，如今“老干妈”的海外经销商已经遍布欧盟、美国、日本、澳大利亚、新西兰、南非等50多个国家和地区。经过一系列努力，“老干妈”开拓的这种全新的海外市场销售模式很快就发挥出了效力，海外销售节节攀升。

“老干妈”飞速发展的同时，也带动了一方经济的高速发展。据老干妈官网显示，截止到2013年年底，公司已拥有四个生产基地，日产老干妈20余种系列产品达到130万瓶。不断提升的产量意味着对产品原材料的需求也在逐年提升，“老干妈”与当地农户签订了“公司+农户”的合作协议，这样既保证了原料供给稳定，同时也方便掌控品质，即与农户形成利益共同体，获得双赢。

在谈到企业未来发展的远景时，陶华碧曾说过这样一段话：“我最大的心愿就是：我这个企业像蛋糕一样做大、做强、做好。创民族品牌，立千秋大业，我要做千年光彩。做事要看长远，我们要做到祖祖辈辈，目光短浅是走不到多远的。金杯银杯抵不过消费者的口碑，我从来没有打过广告，靠消费者的口碑一个传一个，有华人的地方就有我们的产品。人算不如天算，做事、做人，都要凭自己的良心，我对得起自己的良心。”

卷三 从“废纸回收”到“中国首富”：中国纸业大王张茵的财富人生

点石成金，废纸变森林

废品回收，历来被认为是一个上不了台面的行当，大多数人都不屑为之。然而，谁能想到，就是在这样一个乏人问津的行业里却走出了一位亿万富翁。成为“废纸回收大王”之后，张茵并没有停止前进的脚步，而是开始向“造纸大王”的梦想进发，而且一干就是二十几年，最终再次实现梦想。张茵的成功包含了“天时、地利、人合”的机遇，更包含了她果断抓住机遇的能力和胆气。

作为一个白手起家的女性，张茵的财富故事带着和阿信一样的草根创业传奇色彩，走进并照亮我们的视野，其背后自强不息、开拓创新的个人创业经历，正具备这个时代所呼唤的精神。

人物简介

张茵，女，汉族，出生于广东韶关，祖籍黑龙江省鸡西市，中国女企业家，玖龙造纸有限公司董事长。2006 年其家族财富总值 270 亿元人民币，2007 年《福布斯》全球亿万富豪排行榜 390 位，身价 770 亿元，成为中国第一位女首富，也是世界上最富有的女白手起家者。2009 胡润百富榜以身家 330 亿排名第二位。2014 福布斯全球亿万富翁榜排名 1540 位。

从香港到美国，成就“废纸大王”

励志箴言：成功的路上，永远不可或缺两种品质，一种是勤奋，一种是诚信。勤奋用来鞭策自身，诚信则可取信于人。

怀揣3万元，只身闯香江

成功之后，曾有人传言，说张茵的父亲是军队里的一位高官，她自小家境十分富裕，所以她的成功之路也才会这么顺畅。其实，她的父亲只不过曾是一名连长，“文革”时还曾因遭受迫害而入狱。所以，这些都不过是传言，并不是事实。

从小，张茵家里的条件还是比较艰苦的。她在家里排行老大，下面一共有七个弟弟妹妹，从小她就帮父母承担起家庭的重担。由于“文革”等政治原因，张茵跟同龄的许多孩子一样，没能接受完整、正规的教育。但这种苦难的生活并不是一无是处，军人父亲雷厉风行的处事作风和讲义气的品德给了张茵很大的影响，她性格中坚强、独立、善良和大度的部分正是因此而来。而这些，都是她日后在事业的道路上能够披荆斩棘的基础。

1985年，张茵辞去了深圳一家合资企业的财务工作，同时放弃了50万年薪的优厚待遇，独自一人带着3万元人民币来到香港闯荡。那一年，她刚刚 27 岁。

张茵到香港的目标很明确，那就是做废纸回收生意。之所以选择这个行当，是因为之前她曾受国内一家造纸厂的委托到香港收购过废纸，所以对这个行当比较熟悉，也了解其中蕴藏的巨大的市场潜力。而之所以选择香港，主要是因为香港在废收回收领域有着得天独厚的优势地位。当时，国内用于造纸的原料，即废纸及木浆大多需要进口，这主要是因为国内废纸回收的体系尚不健全，发达国家和地区的废纸自然成为解决国内造纸原料瓶颈的重要途径。加之废纸回收的行当门槛很低，所以很多人都在从事这个行当，而香港则因其独特的地理位置成为了废纸回收的集散地。

把张茵领入造纸这个行业的是内地某造纸厂的一位厂长，他曾这样跟张茵说过："废纸就是森林，将来造纸业肯定要从资源造纸向再生纸发展。"同时，他还告诉张茵，从香港进口的纸浆多掺有水分，品质不高，希望她以后能够改变这个现象。到了香港之后张茵发现，一切正如"师傅"所料，传统的稻草浆造纸正在向循环再生环保造纸这个领域快速过渡。

就这样，张茵在香港做起了废纸回收生意，可让她没想到的是，这个行当虽然门槛不高，但里面的门道却不少，刚开始时她就遭遇到了很大的阻力。

入行之后，张茵谨记"师傅"的教诲，绝不往纸浆里掺一滴水，坚持奉行诚实守信、品质第一的原则。很快，这样的经营准则给她带来了很多生意，但同时也给她带来了很大的麻烦。同行们认为她违反了"行规"，开始处处排挤她，有几次她甚至还接到了黑社会的恐吓电话。但是，张茵并没有因此退缩，她始终坚信邪不压正，继续坚持自己的原则。

虽然当时在香港从事这个行当的人文化程度都很低，但他们却都是很讲信义的人，所以性格豪爽又讲诚信的张茵跟他们十分投缘。因此，尽管许多同行都在排挤她，但还是有许多收废纸的人愿意跟她做生意。张茵跟他们中的很多人也都成了朋友，以至于后来当她准备到美国发展的时候，大家都有点舍不得她。

很快，张茵就在香港的废纸回收领域站稳了脚跟，业务越做越大，钱也越赚越多。

对于张茵的成功，时任香港生产力促进局首席代表的何卫宁曾这样评价说：“在当时的香港，从事废纸回收行业的人地位是很低的，很少有人愿意从事这个行业，而张茵作为一个女性能够选择它并且做出很大的成绩，在当时的环境来说是相当不容易的。”

张茵在香港创业的那个时候正值上世纪八十年代初期，当时，中国内地已经彻底实行了经济开放政策，这一因素成为推动香港经济高速发展的最重要的外部因素。从那一时期开始，香港的制造业开始纷纷转移到内地，各类服务业也得到了全面高速的发展，从而使香港实现了从制造业向服务业的第二次经济转型，并迅速演变为亚太地区举足轻重的商贸服务中心。

因此可以说，张茵的成功除了依靠自身的努力以外，同时也跟那个时代香港蓬勃的经济发展背景有着密切的关系。

总之，在机遇与奋斗的双重助推下，张茵仅用了 6 年时间就完成了原始资本的积累。

转战美国，二次创业

随着废纸回收的生意的越做越大，张茵的眼光也开始开阔起来，要做就做行业中的老大。可是她很快意识到，如果想实现自己“废纸大王”的梦想，很显然眼光已经不能再仅仅局限在香港这座小岛上了，美国，这个世界上最大的废纸原料市场才是最好的选择。就这样，张茵于 1990 年 2 月把事业的重心迁到了美国。不过这一次，她并不是孤军奋战，因为这时候的她已经有了人生中的伴侣和事业伙伴——台胞刘名中。

来到美国之后，张茵立即注册了美国中南控股公司（以下简称中南控股），开始全面在美国拓展废纸回收业务。在这里，张茵有了更大的舞台来施展脚拳，她为自己定下了一个目标，在最短的时间内成为美国的造纸原料大王。

在美国，张茵同样始终秉承着“即使是亏损，也要讲信誉”的诚信作风，于是，很快她就与许多当地客户建立了长期、稳定的供货关系。但同时，她也遇到一个新问题，那就是运输问题。之前在香港的时候，可以很方便、很迅速地将废纸运回中国内地，在时间和运费上的花费都很少。但是，美国到中国，千里迢迢，运输费用却是一笔不小的开销。所以，张茵一边在回收废纸，一边在寻找最省钱的运输渠道。机遇往往都会留给有准备的人，这一次，张茵再一次抓住了一个千载难逢的好机会。通过对进出港口的货轮的细心观察，张茵发现，当时，中国远洋运输（集团）总公司（以下简称中远）的货轮在把出口货物运送到美国后，在返航时几乎都是空返。如果把自己回收的废纸利用这个机会运回中国，那将大大节省运输费用。于是，张茵立刻联系此事，并很快与中远达成意向，签订了运输合同。几年之后，在废纸出口领域，中南控股已经成为中远最大的客户。据美国港口海运研究所机构2002年的一项调查统计显示，当时，中南控股的出口集装箱总量已经超过了通用电气公司和杜邦公司的出口总和，规模由此可见一斑。

又过了几年，在成立十年的时候，中南控股更是已经成为欧美最大的造纸原料供应商，年出货总量甚至超过了500万吨。据不完全统计，当时美国每年可再生利用废纸的14%都是通过中南控股输出的，而中国再生造纸原料的25%以上则都由中南控股输入。

在这十年中，中南控股在张茵的带领下先后建起了七家打包厂和运输企业，事业蒸蒸日上，财富成倍增长。在1997年美国评比出的妇女企业五百强中，张茵是其中唯一的一位中国女性，她创办的中南控股名列第95位。随着中南控股的日益壮大，在随后几年的排行榜上，中南控股的位次逐年提升。最终她实现了自己当初的梦想，成为了名副其实的“美国废纸大王”。

张茵是幸运的，在香港创业时她遇到了香港经济腾飞的大环境，在美国创业时，她再次遇到了美国经济的复苏期。正如她谈起自己的成功时曾说过的那样：“是我运气好，占了天时地利人和。”

废品回收，历来被认为是一个上不了台面的行当，许多人都不屑为之。然而，张茵却眼光独具，在这一片“蓝海”里抓住了创业的机遇，一干就是二十几年，最终成就了“废纸大王”的美誉。她的成功自然离不开“天时、地利、人合”的机遇，但更离不开她果断抓住机遇的能力和胆识以及努力奋斗和诚实守信的经营作风。

战略转型，从“破烂王”到“造纸大王”

励志箴言：成功的人生就是不断实现目标的人生，在不同的人生阶段要有不同的人生目标，按着目标一步一步踏实地走下去，你就能获得一段充实、圆满的人生。

事业的转型：从“原料”到“制造”

经过几年的发展，张茵在香港的废纸回收生意得到迅速发展。这时候，张茵又有了新想法，既然自己已经充分掌握了造纸原料的资源，为什么还要做“中间人”为别人搭桥铺路呢？自己完全有能力直接与内地的造纸厂取得联系，直接向他们供货，这样既减少了废纸回收的中间流程，又可以获得更大的利润。想到就做，1987 年，在香港做了不到两年，张茵就开始在内地寻找造纸厂作为合作伙伴，并很快成功地与辽宁营口造纸厂合资成功。接下来，武汉东风造纸厂与河北唐山造纸厂也成了了她的合作伙伴。张茵在与这几家造纸厂的合作中，不仅获得比以往更多的利润，同时也为自己以后开办造纸厂积累了丰富的经验。

原材料的渠道已经掌控，与造纸厂的合作经验也日渐丰富，万事俱备了，于是，1988 年，张茵在东莞建立了自己的独资造纸厂——东莞中南纸业，开始生产生活用纸。

“我是做造纸原料出身的，看到中国纸业市场90%都是进口产品，我觉得这个市场潜力巨大。而且当时的市场主要是以文化用纸、高档用纸为主，没有人去做包装纸行业的。因此，虽然当时包装纸的价格卖到了四五千块钱一吨，但还是没有人去做，我觉得包装纸是低价货，中间有很大的利润空间。”随着改革开放的不断深入，到了上世纪九十年代中期，内地的经济发展也已经进入快车道。这时候，对高档包装纸的需求越来越多，1996年开始，这一市场出现了严重的供不应求的局面，其中高档牛卡纸更是很大一部分都依赖于进口。凭借对市场动态的仔细观察，张茵及时抓住了这一良好的历史性机遇，有了自己的造纸厂之后，她把发展的目标就定在了包装纸这个方向。就这样，1996年年底时东莞玖龙纸业应运而生了。

这时候，张茵的长远战略眼光和坚定的执行决心开始逐渐显现。

在张茵决定迈向包装纸生产领域的时候，当时绝大部分中国的造纸厂所用的机器全都是国产机，年产量最高也只能达到5万吨。这种规模对于立志想要成为中国牛卡纸大王的张茵来说，当然是远远不够的。于是，她开始大手笔投入资金，兴建玖龙纸业的生产线。

要建造大规模工厂，自然得先选址，再征地。经过一番考察，张茵相中了一块位于东莞市麻涌镇新沙港工业区的土地，并以每亩2万元的价格征得了2000亩，接下来便开始建造工厂。1998年7月，玖龙纸业的第一条生产线建成投产，预计年前量将达到20万吨牛卡纸，在当时这一产能是相当惊人的。

有了产量还不行，同时还要有市场。当时的市场情况是，进口的牛卡纸基本上是以木浆为原料，如果在国内全部用木浆的话资源根本不够，该怎么办呢？张茵和技术人员经过多番试验，终于研制出了种大部分用废纸、少部分用木浆为原料的技术。通过这种技术的运用，玖龙纸业的牛卡纸生产成本要比国外进口的每吨节省1000元。成本上有了优势，在争夺市场时就有了底气。当时，进口牛卡纸的价格为每吨5000元，而玖龙纸业就卖四千七八百元。相同的质量，价格也优惠，最关键的是不用进口之后还减轻了库存的压力，所以玖龙纸业的牛卡纸一经上市，就受到各路客户的热捧，市场就此顺利打开。后来，玖龙纸业的牛卡纸标准成为了全国行业标准。

第一条生产线的成功，给了张茵更多的信心，她决定再接再厉，以期早日实现“中国牛卡纸大王”这个梦想。不过，也正是在此时，张茵总结出一个道理，包装纸确实利润丰厚，但是要想长足发展，赚到更多利润，就必须形成规模。这时候，一个长远的战略构图在她脑海中开始成形。

强化优势，实施“归核”战略

张茵的长远战略构图，简单来说就是一种归核战略。这种战略源于美国哈佛商学院著名的战略学家迈克尔·波特提出的“价值链分析法”，1985年波特教授就提出了这一理论，并随后受到诸多商业企业的追捧。该理论的核心内容是指导企业抛弃“短板”、打破木桶，加长“长板”形成竞争利器。按照此理论，企业应该强化业务流程中真正创造价值、具有比较优势的环节，即价值链上的“核心战略环节”。而“归核”正是把经营活动中产生核心能力的环节严格控制在企业内部，而将一些非核心战略性的活动外包出去，充分利用国内、国际市场降低成本，提高竞争力和赢利水平的一种经营战略。张茵及时领悟了这一理论的精髓，并成功地运用在自己的企业当中。

在张茵为玖龙纸业的发展制的“归核”战略中，第一步就是扩大产能，同时提升产品的数量和质量。从1996年斥巨资打造玖龙纸业第一条生产线之后，1999年7月，张茵为二期工程再次投入1亿美元，从芬兰引进了一套当时世界一流的造纸生产线，年产将达到40万吨。2000年6月和2002年5月，张茵又先后斥巨资在东莞基地安装了两条生产线。而随着2000年6月二期工程成功投料出纸，玖龙纸业以60万吨产能跻身国内包装纸生产巨头之列。2003年10月，玖龙纸业的四号生产线在东莞建成投产，主要生产涂布白卡纸，年产45万吨，创世界同类产品单机产量之最。至此，玖龙纸业迈出了从单一牛卡纸向品种多元化发展的第一步。2004年，玖龙纸业的六号、七号生产线顺利建成投产，主要生产高强度瓦楞纸芯，玖龙纸业的产品线进一步得到丰富。2005年12月，玖龙纸业的九号、十号两条生产线的建成投产，主要生产高强度瓦楞纸芯。截止到2005年年底，整个玖龙纸业集团的年总产量已经高达330万吨。

经过几年的发展，玖龙纸业的产能已超过当时国内造纸行龙头晨鸣纸业，成为中国第一的造纸生产商，至此，张茵“中国牛卡纸大王”的梦想也实现了。

虽然已经成为了“中国牛卡纸大王”，但是张茵并没有就此停下脚下，因为她又有了更高远的目标，她准备引领玖龙纸业踏上更高一层的阶梯，成为“中国造纸大王”。

到了2006年，玖龙纸业的发展已经历经了十年，此时发展已迈进高峰阶段，开始实行集团化管理模式。同年6月，玖龙纸业在香港联合交易所主板成功上市，并在上市约半年后被纳入为摩根士丹利标准指数成份股及环球增长指数成份股，以及成为香港生综合指数成份股。踏上资本运作之后的玖龙纸业在张茵的带领下开始了更大快速的发展。

2006年11月，玖龙纸业对外宣布，将在之前选定的重庆兴建第三个生产基地，以满足该区因工业快速增长而急速上升的箱板原纸需求。该基地于 2008 年 7 月正式开机投产。

2007 年 1 月，玖龙纸业的第十一号纸机也开始建成投产，这一生产线的投产，使玖龙纸业的涂布白卡纸的年产量由原来的 45 万吨增加至 95 万吨，产能提升超过 120%，成为全国第一。同月，玖龙纸业的十六号及十七号纸机在江苏太仓建成投产，年产高强瓦楞芯纸 70 万吨。当年 8 月，玖龙纸业的十二号及十三号生产线建成投产，此时玖龙纸业的年产能已经高达 535 万吨。9 月，玖龙纸业的第四个生产基地在天津动工，并于 2009 年 9 建成投产。

2008 年 5 月，玖龙纸业正式接手四川犍为及四川瑞松的生产及经营，此项目带领了玖龙纸业拓展高价特种纸及竹木浆生产的领域。同月，玖龙纸业收购了越南正阳纸厂责任有限公司的 60% 控股权，随即迅速占据了越南、老挝、柬埔寨等东盟市场。

2009 年，玖龙纸业的年产能从 535 吨迅速扩张至 1015 万吨，在国内的市场占有率由 18% 增至 35%。

2010 年，玖龙纸业在福建泉州台商投资区开始独资兴建大型高档包装用纸生产企业。该工厂占地面积 1300 多亩，项目总投资 13 亿美元，主要生产高档牛卡纸、高强瓦楞纸、灰底涂布白板纸等高档包装用纸产品，年总产能达 200 万吨。

2011 年 1 月，玖龙纸业收购河北永新纸业 78.12% 控股股权，产能已达到 1145 万吨，其中于 24% 生产高盈利产品，包括涂布灰底白板纸、食品级、医药级白卡纸、轻涂牛卡纸、环保型文化用纸等。

2012 年，玖龙纸业的年产能达到了 1255 万吨，其中高利润产品产能增至 388 万吨。至 2013 年 6 月底，玖龙纸业以六大基地的布局全面覆盖中国主要市场，总产能达到 1400 万吨。

2013 年，张茵开始为玖龙纸业未来的发展制定新的蓝图。在她的构想里，未来玖龙纸业各基地的产能分布将有所调整，泉州、沈阳、乐山等基地建成后，东莞基地的产能占比将有所下降。预计到2016年底，东莞基地的产能占比将减少至36.5%。

在玖龙纸业十几年的发展历程中，数千亩土地的征收、百亿级大手笔的投入屡见不鲜。在张茵高瞻远瞩的规划下，玖龙纸业实现了先进生产线和针对市场缺口的产品的整体布局，可谓招招抢占先机，同行业的竞争对手对此只能远远望其项背。

在张茵的“归核”战略中，第二步为自建基础设施。众所周知，造纸厂是用电、用水和运输的大户，所以，高速发展的玖龙纸业不免对当地公用基础设施构成了巨大压力，而这种情况也反过来制约了公司产能的持续扩张。

经济越发达的地区，电力供应越紧张，这是我国经济发展存在着的一个严重的地区性限制。为了缓解用电压力，张茵决定自主投建发电厂。2005年5月，公司投产兴建的210兆瓦热电机组正式并网发电，使公司在东莞基地的总装机容量达到了351兆瓦，规模相当于一个中型发电厂。与此同时，玖龙纸业在江苏太仓基地的热电厂的装机容量也达到240兆瓦。这些电厂的投建使用，不仅保证了玖龙自身的电力供应，还在相当大的程度上缓解了当地电力的紧张局面。

除了电力需求极高之外，造纸厂的用水量也是相当可观的。因此，为了保证企业正常运转，玖龙纸业先后投资兴建了两座25万吨级上流蓄水池和日处理量10万吨的海水淡化厂以及完善的污水循环利用设施。

另外，为了解决运输问题，玖龙还组建了由350辆重型卡车组成的车队和太仓港可接驳5万吨级货船的货运码头。

征收土地、兴建电厂水库、组建运输车队，从表面上看玖龙纸业的产业呈现出一种多元化的态势，但其实，这些投入的所有资源及其产能都在为造纸这个核心业务服务。玖龙的核心竞争力的重心已经从单一的廉价原料供应转化为综合优势，这也正是张茵实施的“归核战备”的核心所在。

玖龙纸业一步接一步的发展壮大，无不透露着张茵精准的眼光和专业的前瞻性。同时，与判断力并行的是她超强的执行力。在不断扩大玖龙纸业规模的那一时期，因需要大量资金的支撑，所以张茵在这方面的压力还有很大的。尤其是在投建第四台造纸机的时候，当时，张茵手里的资金还有一些缺口，银行贷款还没有申请下来，在这种情况下她依然把设备早早就定了下来，压力可想而知。虽然有压力，但她并不担心，因为她熟悉这个行业，而且对自己的判断力非常有信心。

当时银行贷款迟迟不能到位的主要原因就是，银行的人听不懂她的“规模理论”，而且对造纸这个行业也没有太多的了解。没有银行贷款，生产线就无法投入建设，绝不能让自己的规划受到影响，于是张茵继续一遍一遍地给银行的人讲解她的计划，最终，凭借她不断的游说，银行贷款终于到位，一台台设备也终于顺利到达玖龙。

就这样，大投入、高起点成了张茵进军造纸业的特点，在随后的十几年当中，这种策略一直被沿用。在不断的努力下，玖龙纸业生产的牛卡纸质量稳定，迅速替代了外国进口产品。可口可乐、耐克、索尼、三洋、长虹、康佳、海尔、TCL、科龙、宝洁、美的等国内外知名企业都开始与玖龙纸业合作。

张茵的“造纸大王”之梦再次得以实现。

资本运作，打开财富大门

励志箴言：俗话说：“背靠大树好乘凉。”当企业发展到一定阶段，难免会遭遇瓶颈期，如果依靠自己的力量很难解决时，就要学会借助他人的力量，从而帮助自己的事业迈上一个新台阶。

上市，企业发展的里程碑

当企业发展到一定规模后，将其送到资本市场去进行资本运作，是许多企业家的梦想。但是，对于具备长远战略发展眼光的企业家来说，进行资本运作，目的绝不仅仅是为了给企业带来发展所需要的资金，更重要的是，通过资本运用，可以让企业逐渐具备完善的管理机制和财务机制，从而为日后进军国际市场、参与国际竞争奠定基础。

在创建玖龙纸业的时候，张茵就为自己定下了一个又一个目标——成为“中国牛卡纸大王”，成为“中国造纸大王”，甚至成为“世界造纸大王”。为了实现这些目标，张茵开始不断投入资金扩大玖龙的规模。从1996年投建第一条年产20万吨的生产线开始，此后十年中，张茵对玖龙的投入越来越大。同时，为了解决用电、电水以及运输问题，张茵又投资兴建了发电厂、水库，组建了车队。这些都需要投入大量资金。

前面我们提到过，在这一时期，张茵的资金压力是很大的，同时银行贷款也很难及时到位。与巨大的资金压力形成对比的，是玖龙纸业的资产负债率。

2004年，随着玖龙纸业生产能力的提高，扩张的加快，资产负债率也不断攀升，最高时达到了187%，2005年这一数字虽然大幅下降，但也达到了79.5%。一般企业的流动资产（现金、存货、应收账款的总和）要比流动负债高出一倍，因为存货和应收账款不见得能及时、足额地变现。而玖龙纸业在2005财年末，流动资产竟比流动负债少20亿。也就是说，到2006年6月份之前，玖龙纸业必需偿还的债务比可以动用的资产多20亿！如果在这个时间之前，无法偿还这笔债务，那么公司将不得不变卖固定资产——卖掉土地、厂房、楼宇、设备或出让整座工厂……更严重的后果很可能是破产倒闭。

此时，上市融资成为唯一一条出路，而且迫在眉睫。

最终，张茵于2006年3月3日将玖龙纸业送上了资本市场。这一天，玖龙纸业在香港主板上市，首次公募计划发售10亿股，发行价为3.4港元，获得了577倍的超额认购，募集资金34亿，这在民营企业IPO案例中是绝无仅有的“大盘股”。挂牌当日收盘价为4.75港元，较发售价上涨39.7%，成交24.25亿港元，成为当日港股最活跃的前20只股票之一。

值得一提的还有，香港大富豪恒基老板李兆基、新世界掌门郑裕彤以及嘉里建设主席郭鹤年三人以私人名义，共投入4.68亿港元巨资认购了玖龙纸业1.37亿的新股。三位商界巨贾的参与无疑提升了玖龙纸业的国际形象，令市场信心大增。

据当时来自意大利《晚邮报》的消息，意大利18家金融机构争相购买了玖龙纸业2000万美元的股票。到招股结束时，玖龙纸业的国际配售部分获得了10倍超额认购，公开发售部分更是获得了500倍的超额认购，冻结资金达 1958 亿港元。

在资金链断裂前三个月的成功上市，让张茵完成了创业历程中最惊险的一跳。在上市不到半年时，玖龙纸业就成了“摩根士丹利资本国际”环球指数、标准指数的成份股，并加入了香港恒生综合指数。

面对玖龙纸业取得的这个优异的成绩，张茵曾对原因作过这样的总结：“造纸行业自身的成长性；以中南为基础庞大、稳定的原材料供应；玖龙管理层前瞻性的发展眼光、专一性的经营理念；超前的环保理念；完善的管理和配套服务以及规模效益是玖龙上市时获得投资者认可的重要原因。”

张茵的总结道出了玖龙纸业之所以获得诸多投资者认同的最重要的原因——投资者眼中所见的，绝不仅仅是玖龙纸业，而是站在它背后的美国中南控股公司。因为所有投资者都知道，在“中国牛卡纸大王”和“中国造纸大王”这两个称号之前，张茵还有一个“美国废纸大王”的称号。所以，与其说投资者们看中的是玖龙纸业，不如说他们看中的是张茵这种控制全球废纸回收系统心脏立足全球的财富模式。

众所周知，北美是全球消费最旺盛的地区之一，同时也是制造垃圾的大户。但是，对于其他行业来说是废品的废纸，却是张茵眼中的宝贝。虽然这些废纸的成份复杂，回收渠道也比较杂乱，但其中的纤维含量却非常高，非常适合再生利用，所以这些废纸成为了张茵在中国造纸的主要原料。在玖龙纸业的第一条生产线建成投产之后，张茵就带队研发出了大部分用废纸、少部分用木浆为原料的造纸技术，从而大大降低了成本，使玖龙纸业在刚一投产就占据了市场。

有了美国中南控股公司这个强大的靠山，所以，投资者们才相信，玖龙纸业的原料来源永远不会中断，所以，投资给它，它可以做得更大，赚得更多利润。

因此可以毫不夸张地说，北美地区粗放的消费纸品成就了玖龙纸业的成功上市，同时也成就了张茵。

中国出了个女首富

上市几个月之后，玖龙纸业的股价持续稳步上升，2006财年利润爆升350%，股价也同时冲破9港元，公司市值达374亿港元。这时候，张茵的个人资产已经高达270亿元。但是，如果不是2006年胡润公布的那份百富榜榜单，张茵或许依然会保持一贯低调的作风，一直“沉寂”下去。

据胡润回忆说，在他公布2006年度胡润百富榜的当天，事先曾询问台下的200多人谁认识张茵，当时只有几个人举了手。但在他公布榜单之后，全中国都开始关注这位中国第一位女首富。对张茵，胡润曾如此评价：“张茵不仅仅是中国的第一位女首富，也是世界上最富有的女白手起家者，在她之前世界范围内白手起家最著名的女性要数撰写哈里波特故事而闻名的英国女作家J·K·罗琳，不过她的财富估算数字不过10多亿美元，远不及张茵。”

2006年，胡润百富榜的公布，无异在中国商界投入了一颗重型炸弹，可以说，张茵的“成名”跟这份榜单有着直接的关系。但是，能够把张茵列上这份榜单，胡润事先也是下了许多功夫的。那么他到底是怎样发掘了这位一直行事低调、财不外露的女富豪的呢？据胡润介绍，《胡润百富榜》主要通过四个渠道来收集候选人的信息：第一，所有重要的中外媒体的报道；第二，股市公告，包括中国内地和香港的主板、创业板以及新加坡、纳斯达克、纽约、多伦多、伦敦、悉尼等证券市场；第三，实地采访，即到全国各地与企业家、记者和当地政府机关交流；第四，借助近十年来建立起来的遍布全国的信息网络和巨大的数据库。

发现张茵，胡润通过的是第四种渠道。2003年的时候，胡润百富调研部的调查员就听说东莞出了一位大企业家，于是便开始进行相关调研，最终将张茵列入了当年的胡润百富榜候选人名单。每年制作好榜单之后，胡润都会给上榜的所有富豪每人发一份榜单传真，主要目的是为了向企业家本人核实企业的相关信息。这一年的 10 月 3 日，胡润也给张茵发了当年的百富榜传真。第二天，胡润就收到了张茵的丈夫刘名中回复的邮件：“贵公司关于中国大陆百富榜的传真收悉，非常感谢。经研究，有关贵公司要求敝公司给予答复的内容，我公司不考虑出版。谢谢！”语气委婉，含蓄，但拒绝上榜的态度却表露无遗。两天之后，即 10 月 6 日深夜，胡润再次收到两封来自玖龙纸业的回复邮件，第一封是张茵的助手菲利普回复的邮件：“再次提醒，我们不同意贵公司发布关于我们的任何信息，否则后果自负。”第二封是刘名中再次回复的邮件：“我们是一家私人公司，请尊重我们的隐私。如果没有经过我们同意擅自发布关于我们的任何信息和数据，那就只好对簿公堂了。”

不过，张茵的“恐吓”并没有吓退胡润，在当年的富豪榜单中他还是列上了张茵的名字。在 2003 年的“胡润百富榜”上，张茵名列第 17 位，财富数额为 25 亿元。榜单出炉后，胡润也曾有过些许担忧，因为此前张茵的态度十分强硬，但让他没想到的是，最终张茵却选择了沉默。在接下来的两年中，胡润如法炮制，在榜单公布之前都要给张茵发去传真，而这两次张茵并没有再严辞拒绝，反而对胡润提供的数字作了轻微的修正。

到了 2006 年，在发榜前胡润给张茵打了一个电话。电话里他告诉张茵，今年她的排名可能非常靠前，并提出在榜单发布前对她进行一次采访，没想到她爽快地答应了。

就这样，随着 2006 年胡润中国百富榜的公布，张茵以 270 亿元身价超过 2005 年的首富——国美电器老总黄光裕 70 亿元之多，成为 2006 年的中国首富。

后来，在回忆胡润对她的采访时，张茵后来坦言，在此之前她已经感觉到自己的位置会排得比较靠前，而当得知排在第一时她也没感到特别惊讶。“我觉得这是对玖龙的肯定。而且，排行榜在我看来就是一串数字统计。今年我是首富，明年可能就是其他人了，所以我个人对这个榜单看得不是很重。但是从公司的角度来讲，胡润排行榜把我排在第一位，首先是肯定了中南公司、肯定了玖龙这么多年来的努力，我觉得这一点很重要。从某个侧面来说，它也体现了我们公司股票的价值。”比起个人的成功和荣誉，张茵更注重的是玖龙的发展和前景。

张茵的创业故事给我们带来了极大的激情和鼓励，而作为一个凭借个人能力而获得成功的富豪，张茵自然也成为了一个能够影响社会、受人尊敬的财富“英雄”。

不惧磨难，"三重门"之后继续前行

励志箴言：危机与机会总是相依并存的，应对各种危机的过程，也是一个化危为机的过程。许多危机在给企业发展带来重重困难的同时，也在方方面面为企业未来的发展催生了前所未有的新机遇。

任何一家企业，在发展的过程中都会遭遇许多磨难，或来自资金的压力，或来自市场的风险，或来自管理的漏洞……企业规模越大，往往面临的潜在问题就越多。2008年，玖龙纸业接连陷入了一个个重大的危机之中，而作为玖龙纸业的掌门人，张茵自然被推上了风口浪尖。在这一年，张茵的遭遇可谓迭宕起伏，随之而来的是她的财富轨迹的大起大落。

"提案门"

第一轮危机的爆发始于2008年的两会期间，起因源于张茵在这年两会上提交的一份提案。当年1月1日，新的劳动合同法实施，其中大大提高了对基层劳工的保护。作为全国政协委员，张茵在3月召开的全国两会上，上交了一份提案，建议取消无固定期限劳动合同。对此，她解释说："新法过于保护劳工利益，企业运作有困难。”同时她强调说，在保护基层劳工方面，企业更能接受调高工人最低工资的方式。但在新法下，企业连聘请临时工都要签合同，解雇员工有困难，成本支出亦相应提高，对企业影响很大。并且，这会间接造成低技术工人的失业，同时也无疑会增加中小企业的人力成本。

张茵没想到，她的这份提案随即引发了一场舆论大战，而且风波持续了很长时间也未能平息。甚至于从此“提案门”成为了她的一个影子，在此后不管她做任何事，都逃不脱被媒体质疑。

而之所以对张茵作了“有罪推定”，是因为她的提案击中了中国劳资界最敏感的一根神经，而她则被视为劳方的敌人——“资方代言人”。

2008 年 3 月 4 日，全国政协会议开幕的第二天，一位教育界的女政协委员就对张茵提案中涉及的问题提出了尖锐的质疑：第一，劳动密集型企业应取消无固定期限劳动合同，而张茵本人的玖龙纸业公司就是劳动密集型企业；第二，降低富人税负，把月薪 10 万元以上的最高累进税率从 45% 减至 30%，而张茵本人就是富人；第三，鼓励企业进口先进高效的节能环保设备，给予 5 年至 7 年的免征进口关税和增值税的过渡期限，而张茵本人的企业是会造成严重污染的造纸业。这位女政协委员最后还强调：“政协委员应该有一个定位，你（张茵）既然处在这个平台上，话语就不能只代表你所处的利益集团。”

张茵在随后的采访中否认这三个提案代表自己的利益，她强调作为政协委员，作为一个企业家，她只是在就事论事。因此，她一再重申提案意愿。结果，就此引发了各方对这份提案的激列争论。

此时，张茵被反对她提案的人彻底摆到了劳方对立面。对此，张茵感到十分委屈，也有些愤怒。她觉得，自己作为一个政协委员，一个企业家，只是说出了自己的想法，并没有针对谁的意思。而且在自己的提案里，她并没有完全替企业主说话，在第一项建议中她还提出《劳动合同法》要加大力度保护低收入人群，制定并提高当地最低工资水平。可是，在引发的争论中这一条却被有意无意地忽略了。在此后接受的采访中，张茵一直力图澄清自己的立场是保证和平衡正常的劳资关系，并非出于个人利益，但每一次反驳都引来更多反对的声音。

来来回回的争论、辩解让张茵感到很劳累，而更让她感到担忧的是，在此期间，玖龙纸业的股价跌了近10%。公司内部许多高管迫于财务压力，纷纷开始规劝，“董事长不要再讲了”。

自己的提案竟然引起如此一场轩然大波，这是张茵始料未及的。后来在思考这个问题的时候，她觉得，这一切的发生似乎跟她“中国前女首富”的身份有着密切的关系。原本，新的《劳动合同法》因十分在意保护劳动者权益，刚一颁布就引起社会各界的广泛热议。张茵的这一提案在这一敏感时期提出来，自然会倍受关注，加之她之前“女首富”的身份，所以这种影响自然会引发更大的发散效应，受到的关注和反驳也就难免了。

其实，这种对张茵的质疑和批评有些过重了。深究起来，张茵在提案中所提出的一些建议并不是全无道理，反而在一定程度上很符合中国企业层面的一些现实的经济诉求。比如，新劳动法虽然在一定程度上保护了劳动者的权益，但在具体实施的过程中该如何减轻企业的负担却没有给出更好的建议，这便出现了很多企业开始向海外转移的情况；再比如，增加富人税从某种程度上会影响我国对企业高层人才的吸引力，等等。

同时，有人批评说张茵的提案只代表了她个人的利益，这种说法也是非常不客观的。“政协有三十多个界别，民营企业家只是这些界别中的一部分，无论哪个界别都要承担起社会责任。政协委员都代表不同的阶层建言献策，国家也希望能够听到来自不同层次的真实的声音，这对国家政策的制定和执行都起到了非常重要的作用。我觉得作为政协委员来讲，更重要的是，我们要看国家的利益、看整体的利益。可能在制造业领域的委员对教育界的话题理解得不一定全面，但是对自己所从事领域里的话题是有发言权的，也是能够谈得有说服力的。”正像她说的那样，她所说的并不代表她自己，代表的是她所在的企业界这个阶层。代表自己的阶层，提出与自己所在的阶层十分符合的建议，这是一种非常有针对性的建议，又怎么能说是代表自己个人的利益呢？

另外，政协的广泛性和包容性正是体现在各界代表畅所欲言上，张茵作为一名政协委员提出自己的建议根本无可厚非，即使建议中有一些不准确的地方也是合理的，因为在政协的体制中完全可以有不同意见的存在。更进一步来说，政协委员提出的建议并不是意味着可以马上实施，而是仅仅供有关部门参考，所以何必如此口诛笔伐呢？再说，我们的政协制度一直在提倡委员们要知无不言，言无不尽，如果连大家讲真话的权利都要“剥夺”，那么又何言“知无不言，言无不尽”呢？

当然，我们在这里并不想对那些反对张茵提案的人进行口诛笔伐，我们只是想从这几个方面来替张茵进行一下小小的申辩。如果所有的政协委员都能像她一样，代表各自的阶层，提出与本阶层息息相关的建议和意见，那样我们的社会体制才能更加体现出民主与和谐，不是吗？

“血汗门”

三月的“提案门”让张茵倍受争议，随着两会的结束，对她的质疑才算渐渐平息下来。但是，正所谓“一波未平，一波又起”，在“提案门”的影响还没有彻底消散之前，由此引发的另一个更大的“劫难”正在不远的前方等待着张茵。

2008年4月12日，香港SACOM学生组织向媒体公布了一份调查报告——《2008年首季香港上市企业内地血汗工厂报告》，这份报告还有一个十分劲爆的副标题——“女首富”张茵的玖龙纸业如何剥削中国工人以及另外四间港资企业的恶劣工作条件——《劳动合同法》绝非可有可无！报告中称张茵是“点血成金”，其创办的玖龙纸业生产环境恶劣、随意罚款、工伤频繁，是典型的“血汗工厂”，甚至是“港企之耻”，认为张茵根本没有资格担任全国政协委员之职。同时，报告中还配发了一组玖龙纸业车间“废纸成堆、污水横流”的照片。此报告一出，立刻在社会上引起轩然大波。

香港SACOM是什么组织，为什么他们会如此针对玖龙纸业？香港SACOM即“香港大学师生检查无良企业行动”，是一个学生民间组织，成立于2005年，成员为中文大学和香港浸会大学的学生。他们成立这一组织的初衷是为了通过对跨国公司的内地代工厂的独立调查、向公众公布调查结果的方式，来唤醒消费者对企业不良行为的关注，迫使企业担负起社会责任，改善现状，提高劳工福利。

在此次调查玫龙纸业之前，SACOM的调查对象基本都是跨国公司。之所以针对跨国公司，主要是因为他们认为跨国资本在整个生产和消费过程中有最大的议价能力，并赚取了最大份额的利润，应该检讨订货模式及付出成本来改善“血汗工厂”问题。在成立的几年间，他们先后发布了《致佐丹奴的的公开信：要求改善和监察外判工厂工人待遇》、《致迪斯尼：找回米奇的良心》等报告。而这一次，他们之所以把调查目标定为玖龙纸业，跟之前张茵在政协会议上的提案不无关系。

原本，内地开始实施的新《劳动合同法》在香港也引起了不小的关注，SACOM自然也关注者之列。加上张茵的政协提案倍受争议，所以SACOM很自然地就把目光对准了玖龙纸业。“香港从没有人关注过香港资本在内地的行为，既然张茵在两会时高调反对《劳动合同法》，我们就想到她的企业去看看她做得到底如何。”SACOM的发言人如是说。

开始关注玖龙纸业后，SACOM开始从各个方面获取玖龙纸业的相关信息。很快，他们就从网上得知了2007年玖龙纸业因工人不满而发生的罢工事件。SACOM从不轻易相信传言，对发布的信息他们都要经过实地的核证。于是，SACOM组织了一个调查小组，开始对玖龙纸业进行调查，并获取了车间内照片等许多一手资料。

面对SACOM投出的这一记重磅“炸弹”，张茵本人和玖龙纸业在第一时间并未作出任何回应。对此，引起了SACOM极大的不满。但张茵并不是刻意在回避，而是因为她当时并不在香港，而是在美国。而张茵之所以在美国，是因为玖龙公司在此之前已经面临着一个很大的危机。原来，将近一个月之前的3月17日，玖龙纸业刚刚公布了截至2007年12月底的中期业绩报告，报告一出，玖龙纸业的股价就开始出现大幅下跌的情况，最高日跌幅高达40.28%。而股价暴跌的原因源于玖龙纸业的中期业绩比花旗、里昂及法国巴黎银行曾此前分别预测的最低数额还要少8580万元，而且毛利率与前年相比也有所下降。业绩不理想，自然会影响企业股价，这是一种必然的规律。

就算没有“血汗门”这一危机，此时的玖龙纸业原本已经身处危机之中。因为，这时候正是玖龙纸业准备在国际资本市场发行投资级债券的关键时期，业绩不理想将在很大程度上影响发行投资债券的成败。而且，当时玖龙纸业正在与越南的一家造纸厂进行收购谈判，如果收购成功，也需要大笔资金。为了成功发行债券，张茵不得不亲往美国四处奔忙。所以，得到“血汗门”的消息后，她即使想回来澄清也苦于分身乏术。而且，根据当时的事态，即使张茵出来澄清，也没有人会相信。所以跟律师商议之后，她最终作出了暂不表态的决定。

结果，张茵的“怠慢”招致了SACOM极大的不满。4月14日，他们开始有针对性地向投资玖龙纸业的机构和玖龙纸业的跨国公司客户发出电邮，要求其卖出玖龙纸业股票或停止采购玖龙纸业产品。这对于玖龙纸业的融资和销售渠道都造成了极大的负面影响。

张茵在美国得知这一消息后，感到很委屈：“冤，太冤了！应该去和同类型的企业做横向比较嘛，‘血汗工厂’，怎么能这么定位我？”张茵觉得 SACOM 的判断下得太武断了，缺乏客观性和全面性。然而，SACOM 却并没有收手的意思，他们又将报告寄给了全国总工会、广东省总工会以及广东省各相关政府部门，不过并没有收到任何回复。

虽然远在美国，但是一切关于“血汗工厂”消息都在无时无刻地困扰着张茵，来自媒体、总工会、政府、员工铺天盖地的质疑、批评和压力也让她感到疲于应付。不过，创业以来所经历的种种困难已经炼就了她坚毅的性格和不服输的精神，所以，她并没有坐以待毙，而是在找一个最合适的机会来证明自己。

处理好在美国的融资事宜，并与越南的那家造纸厂成功签订投资协议后，张茵立刻返回国内。并邀请各路媒本于 5 月 7 日来参加她在东莞举办的新闻发布会。在发布公上，张茵首先对自己这一段时间的“沉默”给出了解释。同时她也承认，公司在管理上确实存在一定的瑕疵，大概有 7% 的员工没有得到平等的福利待遇，但实际情况绝不像 SACOM 描述的那么严重，更与“血汗工厂”扯不上关系。发布会之后，张茵还组织媒体记者对玖龙纸业的生产车间进行了现场参观。经过一系列的运作，虽然还有一些负面消息传出，但整体来说，事态渐渐得以平复。

后来，在回忆这件事的时候，张茵曾这样说：“当公关公司将厚厚一本负面报道材料拿来时，我非常难过和委屈，也曾哭过。”同时她还表示，自玖龙纸业成立以来，从未拖欠过工人工资，即使在 2007 年经济形势很复杂的情况下，也没有减薪。她还说，其实自己一直在不断努力为员工提供更好的居住条件，因为自己也是一个苦孩子，能够切身体会工人的难处。不过，在最初的委屈和气愤过后，张茵也渐渐想开了，因为她并不是第一个被质疑的企业家，玖龙纸业也并不是第一个被质疑过的企业，当然也不是最后一个。正如她说的那样："后来，我看开了，玖龙这样的大企业，内部出现不同声音也正常。人的一生总会历经坎坷。不论是正面报道或负面报道，都不会影响我将玖龙打造成百年企业的梦想，我觉得历史会给出公正的评价。"

其实，张茵想的很有道理。因为，当时中国制造业发展正在步入新的阶段。新《劳动合同法》的颁布实施，外资企业加重的纳税负担以及更为严格的环保法规和不断升值的人民币汇率等等因素，都会在不同程度上挤占中国企业的利润空间。而在这种大形势的"压迫"，会让更多的企业游走在"血汗工厂"的边缘，玖龙纸业不会是唯一一个，也不会是最后一个。

"破产门"

2008年对于张茵来说，注定是"不平凡"的一年。继3月"提案门"和4月"血汗门"风波之后，年底的时候，张茵再次遭遇了"破产门"。2008年年底时，有关媒体披露，因"提案门"、"血汗门"以及全球金融风暴的影响，玖龙纸业的股价大幅缩水，而且融资遇到了困难，资金链即将断裂，甚至已经行至破产保护的边缘。

2009年两会期间，张茵参加两会时否认了这一说法。她说，因玖龙纸业的股价缩水，自己的身家仅剩之前的7%，但这跟破产根本毫无关系。因为在全球金融海啸的大背景下，绝大多数企业的股价都在大幅缩水，并不是只有玖龙纸业一家。而且，即使没有金融风暴的影响，股价上下起伏也是正常的情况，真正的绩优股少之又少。而且，她认为，最危险的时期已经过去了。

而对于融资困难的说法，张茵也给予了否定：“什么困难？我刚刚把债都买回来了，我还了15个亿！最近我又在外面买了大概2亿美元债券回来。要是遇到困难，它(玖龙)要是这么差，能买得到吗？当然今年形势不好，大家一定是微薄盈利。”

不仅否认了“破产”传闻，张茵还表示，自己对玖龙纸业2008年的业绩很满意。她认为，股价下跌，资产缩水，这都是事实，但这对于只注重经营结果的上市公司来说都是很正常的一种现象。而跟资产缩水相比，她更看重的是玖龙的“基本面”，而在这方面玖龙的表现是很让她满意的。同时她表示，自己对企业和国家的未来都充满信心。

而且，她也表示，从长远的发展角度来看，金融风暴总有过去的一天，当经济好转时，造纸产业优然是非常有潜力的，她也很庆幸自己选择了造纸这个行业。

从“提案门”到“血汗门”再到“破产门”，面对这重重的压力和危机，张茵性格中爽朗、坦诚、坚强独立以及不服输的特性得到了完整的体现。她知道，在玖龙纸业未来的发展过程中，一定难免还会遇到此类的磨难危机，但她有足够的信心经受起考验，也相信自己一定会渡过难关，因为有一个坚定的信念一直在支撑着她，那就是——尽自己最大的努力把企业经营得更好。有这份信念在，她相信自己可以战胜一切困难。

柔性管理，让企业与员工共同成长

励志箴言：用制度来管理是一种选择，用情感来维系管理也是一种选择。二者结合运用，会让管理变得张弛有度、游刃有余。

善待员工，人性化管理

企业管理对于每一个企业家来说都是一道难题，能够把这道难题解决好，就等于事业成功了一半。张茵自然懂得这个道理，创业以来她一直在实行一套很有自我特色的“柔性管理”。作为女人，她的管理既具备女性气质的人性化管理，同时也有科学的方法作为辅佐。在她的管理思想中，“聚人而成家，聚家而成国”是中心指导思想，“小家庭，大公司”是经营理念，提倡沟通与尊重。

要想让企业发展起来，必须要调动员工的积极性，而把员工的积极性调动起来的最好法就是，让员工对企业充满信心和爱，把企业当成自己的家，把工作当成自己的事业。作为一个成功的企业家，张茵自然深谙这个道理。所以，她一直在朝这个方向不断努力着，并取得了很好的管理成效。

前面已经提到，张茵在2008年遭遇了“三重门”，事业和形象都受到了不同程度的打击，这很容易让大家联想她的企业内部会不会真的如传闻中说的那么没有人情味。可是，如果有人深入到玖龙纸业内部就会发现，事情绝非传闻中说的那样，不仅不会看到任何不和谐，反而会看到一幕幕团结友爱的场景。

每个星期，玖龙纸业都会举行两次员工集体活动，请专业的指导老师来教大家跳秧歌舞、健身操、韵律操以及各民族的民间舞，除了员工可以参加学习，有兴趣的员工家属也可以参加。公司还组建了一支锣鼓队，利用业余时间来进行排练。每年春节之前，公司都会举行盛大的春节晚会，到时候，就会上演一幕幕精彩的表演：百人群舞，威风锣鼓……气氛融洽，其乐融融。这让大家都感受到了一种家的气氛，家的温暖。除了逢年过节会举办一些相关的晚会以外，公司其他的员工福利同样非常丰富。比如，为员工提工环境优美的宿舍，不定期组织员工集体旅游、出国培训等等。同时，在员工宿舍中还提供了许多运动、文娱设施以及便民设施，如游泳池、网球场、田径场馆以及超市、理发店及小餐馆等，以配合员工们日常的生活和娱乐需要。另外，为给员工提供一个安全及舒适的通勤环境，公司还配有班车，在员工宿舍和生产基地之间接送员工。为改善员工的伙食，生产基地还备有食堂为所有员工提供营养丰富的免费膳食。

当然，福利还远不止这些，最大的福利是年终的红包大派送。每一年年末，公司都会举办一次年末总结报告会。每到这时候，无论有多忙，张茵总会抽时间尽量来参加。请全体员工聚餐是必不可少的一个项目，另外，更让大家期待的就是张茵会在这一天大派红包。张茵对努力工作、积极付出，给公司带来贡献的员工从不吝啬褒奖，她给的红包大得吓人，少则几千，多则几十万。这一制度在玖龙纸业持续了十几年。“我经常跟员工说，做人，‘厚道’是非常重要的。在生意场上，大家拼智慧拼脑筋，但你为人如何，人家信不信你，这就是一个信誉问题。像我，做事时心里会想着大家，不会说自己开个好车，让员工天天骑自行车。公司很多管理层都持有股票，因为公司发展到今天，大家都体现了自己的价值。领导者不能只顾自己富裕，还要想着大家富裕。”张茵如是说。

在物质和精神的双重福利关照下，玖龙纸业的员工无不被调动起了最大的积极性和主观能力性，大家都把玖龙当成了自己家，把玖龙的事业当成了自己的事业，心往一处想，劲往一处使，企业在大家的共同努力下，才得到了长足的发展。

企业培训，员工最大的福利

“让‘员工累在身体上，不要累在思想上’，永远将员工士气带到一个最佳状态。”这是除物质和精神福利之外，张茵的人性化管理策略中另外一个重要方面，即在企业管理中充分注意人性要素，以充分开掘人的潜能为己任。具体说起来，这种管理模式包括很多内容，比如对员工的尊重，给员工提供各种成长与发展机会，为员工制订生涯规划以及注重企业与员工个人的双赢战略，等等。正如玖龙纸业一位人力资源部工作人员所说的那样“集团为员工提供完善的晋升渠道及绩效考核机制，给予员工持续发展的机会和空间，为有潜质的员工制定职业发展规划。本集团联同知名的中山大学联合举办高级管理人员 MBA/EMBA 研修班，并选派优秀技术人员至海外接受技术进修培训。玖龙纸业同样拥有完善的在职持续学习计划，包括管理和技术两方面，提供有不同学习发展计划与不同的职业资格、不同岗位及不同经验的员工，为他们的持续职业发展提供有力的支持和帮助。”由此可见，人才战略一直被张茵视为发展公司的的重中之重。

无论是新入职的员工，还是跟自己一起打拼了多年的老员工，张茵都会在管理中实行一套适应他们发展的管理策略。

为了让新员工尽快适应公司文化和工作氛围，张茵在玖龙纸业建立了一套有效的导师制度，包括帮助新员工尽快适应工作环境，提供培训课程，内容涵盖了企业文化、岗位专业技能以及安全操作等多个方面。然后会根据员工的能力、特长、兴趣、心理状况等综合情况为他们科学地安排最适合的工作，并且在工作中充分地考虑到员工的成长和价值，使员工能够在工作中充分调动和发挥积极性、主动性和创造性，从而不断创造优异的工作业绩，为达到企业发展目标做出最大的贡献。“一个企业如果留不住人才，首先要反省自己。我的经验告诉我，培训员工不是开支，而是一项人力资源的投资。一个企业如果没有人才，什么也做不成。”员工的个人能力得到提高和发展，反过来对于公司来说也是一种福利。因此，即使在这方面投入再多精力和财力，张茵认为也是值得的。

“企业做到一定的时候就不是为了家庭或者是个人，而是为了社会。像盖茨他可以做到这一点，他可以做基金，可以提前退到二线。作为一个有钱人一定会想着为社会做点什么。拿我现在来说，玖龙，一个七八千人的企业，如果我有钱能够开奔驰，我也希望我的员工能够开得起日本丰田。大家都付出了辛苦和智慧。”对待老员工，张茵更是从不吝惜感恩之情。

当然，人性化的管理并不仅仅体现在温情上，该有的严格和强势也必不可少。因此，张茵同时还是一位严厉的管理者，尤其是在对待中高层管理团队时，更能体现出这一点。因为中高层管理团队是上传下达的中转人，对他们要求严格，才能让企业形成坚决的执行力，同时提高执行效率。而这也正是张茵在人才管理策略中提到的“累在身体上”。

公司的人才储备以内部培养为主，外部引进为辅，逐步建立了一支国际化经营管理团队，凝聚了一大批具有丰富造纸技术经验的行业人才。

另外，张茵在管理中还有一个“秘密武器”，一直沿用至今，那就是——与员工一对一进行透明对话。

在平时的工作中，张茵十分注重与员工的沟通与互动，为此她还特别在公司内部设立了一条员工热线，为员工提供了一个互动的沟通渠道。同时，还出版厂报《玖龙员工》，定期发放给员工，增加员工对公司的归属感。而在这所有的沟通渠道中，最让员工津津乐道的就是张茵跟他们的一对一谈话。

每个月，张茵都会不定期地与公司各部门的中层、高层或是部门主管分别谈话，有时候甚至会跟一线员工进行一对一谈话。谈话的内容不受限制，可以对公司和工作提出任何意见或建议，也可以讨论个人的福利待遇。张茵会认真倾听员工的各种心声，然后会根据大家不同的需求给出一些具体的建议，不能当场回复的也会在跟相关部门研究会给出答复。

提到张茵所提倡的这种民主、开放式的管理方法，就不得不提玖龙办公室里的一个细节。玖龙的所有办公室都是靠玻璃来隔断的，也就是说，办公室相互之间是完全透明的，任何人在做什么都一览无遗，甚至张茵自己的办公室也是如此。“我觉得这样透明的设计很好，大家都能看得很清晰，对管理来讲很好。”

就是这样一种领导力和人格魅力，让张茵在企业管理中将人性化管理施展得如鱼得水，收效甚丰。即使是在风波不断的2008年，公司的发展也没有受到太大的影响。“在玖龙过去的二十多年中，我的创业分为三个阶段，香港、美国、国内，不在同一个地方。在事业发展的过程中，无疑会碰到非常多的困难，但是我不会放在肚子里，我这个人不管是私事也好，不管感情上的事情也好，还是事业上的事儿我都愿意掏出来和员工们讲，我认为这个很关键。要给大家信心，作为领头人，你自己必须要有信心。世上无难事，只怕有心人，你做这个领头人，要公平、公正，员工们跟了你，觉得很值。这样就会都有信心，都有激情。”面对困难，张茵从不害怕，也从不退缩，因为她知道，一个企业在发展的过程中，难免会遇到困难，难免会有低潮的时候，这时候，依靠的就是员工和力量，团队的力量。她的管理是成功的，所以这让她赢得了员工的支持和信赖，也让玖龙纸业最终攻克了一道道难关，走上了稳健的发展道路。

事业与生活的双赢在于“平衡之道”

励志箴言：成功的事业和幸福的家庭人人向往，但很多人都只能获得其一。其实，想要两样同时获得并不难，只要你能掌握二者之间的“平衡之道”。

在创业大军中，有一道特殊的风景线总是格外引人注意，那就是“夫妻档”。小到路边摊，大到跨国集团，“夫妻档”的身影无处不在。中国企业家中，成功的“夫妻档”有很多，比如阳光文化的杨澜和吴征，SOHO 中国的张欣和潘石屹、当当网的俞渝和李国庆……张茵和刘名中自然也是其中很出众的一对。

尽管“夫妻档”的创业模式总给人一种不够“专业”的感觉，但是在现实中，这却是许多创业者别无选择的第一选择。因为在创业初期，缺乏资金、缺乏人脉是绝大多数创业者面临的困难。没资金没人脉就意味着很难请到人才，而这时候能够跟自己并肩作战、共同拼搏并无私无偿作出贡献的人，除了自己的另一半还有谁呢？当企业成功发展起来之后，遇到困难的时候，来自另一半的支持也是创业者能够战胜困难的强大后盾。

“夫妻档”在创业以及企业发展中的优势是有一定科学道理的。经中国社科院社会学专家研究后发现，在企业的创业初期和爬升阶段，“夫妻档”尤其会显出极大的优势。这主要是因为婚姻本身就是个经济共同体，良好的夫妻感情以及接近的目标会令双方的合作效率非常高。同时“夫妻档”的创业模式还是一种成本和风险都最低的模式，不但为企业节省了人力成本和管理费用，同时也不用担心挪用公款、携款潜逃之类的事情发生。另外，夫妻在一起的时间比任何经营团队都要多很多，这便在无形中降低了沟通成本，就像张茵说的那样：“当企业发展遭遇挫折，对市场、对前景，对很多东西都会有自我怀疑的时候，自己的身心也会受到挫折。这时候，夫妻间互相鼓励，彼此说一句打气的话很重要。”所以，在事业成功之后，张茵常说：“我最大的成功，是发现并抓住了一个好男人。”

刘名中祖籍中国台湾，在巴西出生长大，加入巴西国籍。他毕业于名牌大学，学识渊溥，精通英语、葡萄牙语，而且处事稳健细致。张茵与刘名中是在一次贸易会上相识的，当时张茵的废纸回收事业已经做得风生水起了。当时的刘名中在做钢材贸易，但贸易并不是他的本职，他的本职工作是一名牙医，而且事业很成功，早在二十一、二岁的时候就拥有了好几家诊所。

相识后不久，两人就开始了恋爱，并很快结婚。婚后，张茵的事业发展得越来越大，于是便跟刘名中商量，希望他能和自己一共来经营这份事业，刘名中答应了。就这样，中国企业界又出现了一对成功的“夫妻档”创业者。

张茵是公认的女强人，有能力，而且很强势，在玖龙纸业是绝对的“一把手”。跟她比起来，刘名中则温和了许多，而且一直扮演着“张茵背后的男人”的角色。但张茵并不认为，刘名中像别人说的那样，是在“给她打工”，她说：“我的丈夫虽然一直是我的助手，但他从小在西方长大，没有东方人普遍的那种大男人观念。而且，我一直觉得我俩只是在公司里分工不同，大家各司其职而已，没有丈夫的全力支持，我也不会有成功的今天。”虽然表面上看，张茵的这种说法很像是把光环刻意地“套”在刘名中身上，但事实上，他们的这种分工早在创业初期就已经确立，而且在张茵事业的发展过程中，刘名中也确实起到了很关键的作用。

1990年，张茵和刘名中在美国创建了美国中南公司，开始在全美国进行废纸回收生意。中南公司成立后，张茵任董事长，刘名中任副总裁。后来，张茵在一本书上看到了这样一句话：要像经营财富一样经营婚姻。于是她开始了认真的反思，觉得自己在分配公司职务上面可能伤了丈夫的自尊心。于是她跟刘名中真诚地进行了沟通，同时表示，可以让他来作董事长，她给他当副手。可是刘名中表现得十分大度，同是他也坦诚，自己在经商方面没有张茵的天赋高，她当一把手是理所当然的事情，而且他跟张茵说，夫妻不应在乎分工，做她的副手自己心甘情愿。

得到刘名中的理解和信任，让张茵感到十分开心，她放下了思想包袱，开始在工作中投入了更多的精力。而刘名中也觉得不能让妻子失望，便开始更加努力地学习企业管理的方法，并在实践中积极地总结经验，并投入到公司中来，取得了很大的成效。

1996年，张茵在高档牛卡纸市场发现了商机，于是她和刘名中商量，是不是可以在国内建一家生厂高档牛卡纸的工厂。其实，在这之前刘名中也已经注意到了这个商机，并为此作了大量的调查研究。他做了一份相关的调查报告，报告详细分析了牛卡纸市场的情况，另外还包括建厂的规模、年产量以及出口至哪些国家和地区等具体的计划。看到这份详尽的调查报告，张茵感到非常欣喜，她觉得，丈夫绝对是自己的最佳拍档，自己的事业已经离不开他的帮助和支持。同时，刘名中提出在东莞建厂最合适，这一点跟张茵更是不谋而合。

2006年，张茵成为“女首富”之后，立刻成为媒体追逐的焦点。这时候，张茵再次担心丈夫刘名中的自尊心会受到伤害，因为这份事业并不是她一个人的功劳，丈夫功不可没。于是，她再次跟丈夫进行了一次真诚的沟通：“咱们的职位，只是代表一个符号。在我心中，咱们俩始终是平等的。如果我有什么做得不好的，就尽管批评，哪怕当着外人的面。”刘名中当然给予了最大程度的理解，并宽慰张茵不用再为这个问题有任何的心理包袱。丈夫的理解和包容，再次让张茵感觉到了欣慰。

但是，任何事物总会有正反两面，“夫妻档”创业也是如此。随着企业的进一步发展，“夫妻档”的优势会相对减弱，甚至有时会产生负面效应。比如，在公司上市以及国际化的进程中，消除外界和投资人对企业的疑虑是一个必须面对的问题。但张茵和刘名中却并有遇到这样的烦恼，因为他们深谙“要想在工作中取得 1+1 ＞ 2 的效果，两个人就必须各有所长”这个道理。面对事业的成功，张茵一直在强调丈夫居功至伟，“我负责公司发展，他负责企业管理，他比我厉害！”

面对成功的事业，张茵和刘名中并没有因此忽略家庭的幸福。随着企业发展得越来越大，夫妻二人不得不分赴各地去进行经营和管理。张茵深知，长期分隔两地，最需要的就是相互沟通和交流，这样才能让夫妻之间的感情保鲜。所以，每次两个人因工作分开时，她每天都会跟丈夫通电话，相互通报工作上的一些问题，还会聊一聊孩子，并嘱咐对方要注意身体。相聚在一起时，即使工作再忙，夫妻俩也会抽时间一起去散散步、听听音乐、打打球。这种情感上的随时交流，让这对结婚已经二十多年的夫妻，感情历久弥坚。

对于共同创业的“夫妻档”来说，不仅肩负着事业的成功，同时更兼负着家庭的幸福，因为在商场的通力合作而取得的财富和荣耀，无疑都是为了实现两人共同的幸福生活。所以，如果只注重事业的成功，而忽略了家庭的温情，那么即使获得再大的成功也不是真正的成功。但张茵和刘名中却获得了事业和家庭的双赢。

张茵曾不止一次地说：没有这段姻缘，自己走不到今天。张茵和刘名中这对“夫妻档”的成功，也在源于他们共同营造出来的事业与生活之间的“平衡之道”。

成功的教育胜过亿万身家

励志箴言：人生的成功，在于事业的成功，也在于家庭的幸福，而且，从某种意义上来说，打拼事业的最终目的就是为了让家庭更加幸福。而在一个幸福的家庭里，对孩子的教育是非常重要的一部分。如果为了事业而忽略了对孩子的教育，那么事业即使再成功，也只能是一个成功的企业家，而不是一个合格的家长。

一般来说，“富二代”给大家的印象大多是娇生惯养、衣食无忧，甚至有些“富二代”会倚仗父辈的财富和权势挥金如土，骄奢淫逸，逍遥一生。不过，“富二代”中也有很多“另类”，他们有自己的理想和追求，他们的成就甚至会超越父辈，当然，取得这样的成绩都得益于他们从父辈那里得到的言传身教。

张茵和刘名中这对“夫妻档”的成功，很大一部分体现在他们的幸福家庭上。说到家庭，自然离不开孩子，作为一个成功的女强人，张茵在孩子的教育方面同样投入了很多精力。跟许多成功的企业家一样，张茵也曾经面临着如何培养“富二代”的问题，但事实证明，她的教育是正确而有效的。“妈妈是不能像其他母亲一样去照顾你的，但是妈妈会给你未来。”

从这句话中我们就可以看出，对于教育孩子张茵同样饱含着像对待事业一样的热情和信心。

在教育方面，一直以女强人身份示人的张茵很懂得因势导利。从小，她就给儿子树立目标、培养其独立性和责任感，大儿子刘晋嵩四五岁的时候，张茵就开始带着他参观各省市的国营造纸厂，并为他树立起未来事业的愿景：“我们家以后的工厂会比这个还要大，还要壮观。”而在儿子正确金钱观的树立上，张茵也十分注重。从小她就告诉儿子，财富是上辈血汗的积累，他们不可有依赖心理，要想获得财富，就得像父母一样艰苦创业，辛勤耕耘。

张茵的大儿子刘晋嵩1981年出生，毕业于美国加州大学戴维斯分校，获得经济学士学位，后又在哥伦比亚大学攻读了工业工程硕士学位。张茵一直把大儿子视为自己的接班人，所以对他的教育十分用心，如她说的那样：“晋嵩有接班的义务，我从小就锻炼他吃苦耐劳和踏实做事的能力。”

2006年，即玖龙纸业上市的那一年，大儿子刘晋嵩就被张茵带入董事局，成为独立非执行董事。当时，这一做法曾一度被许多人质疑，因为当时刘晋嵩很年轻，只有24岁，而且学业还未成，既没有资历也没有工作经验。但张茵并没有在意这些质疑，因为她心里有数。大儿子在自己的教育下，虽然年轻但为人处事成熟又稳定，而且人品好、学历高，唯一欠缺的就是实际的社会经验和工作经验。而把他带到已经上市的公司里，这个天然的“战场”可以让他到最好的锻炼，从而获得快速的成长和提高。

不过，虽然给了儿子一个非执行董事的职务，但在薪酬上张茵却严格把关。一般来说，玖龙纸业的非执行董事的年薪都在60多万，但刘晋嵩却一直在做“义工”，分文收入都没有。尽管是这样，刘晋嵩的表现并没有让母亲失望，他从不以阔少爷自居，而是向大家虚心求教。这时候，正值全球金融风暴席卷而来的时期，而这也成了刘晋嵩最好的实习教程。

张茵这样做，不只是为了培养儿子的能力，更是在从另一个侧面教育他：管理一家公司是非常困难的一件事情，自己的每一分钱都是辛苦之后得来的，如果你想收获财富，就必须为此付出努力才行。大儿子没有辜负她的期望，通过一年的实习，2009年，他终于通过了张茵的“考核”，被正式委任为玖龙纸业的执行董事。如今，刘晋嵩已经全面接管玖龙纸业的采购业务。

在刘晋嵩的结婚典礼上，张茵对他说了这样一段话：“不要只把公司看成自己家的，要想到你未来要带着一万多人奋斗，所做的事情有益于社会。企业负责人不能只想到自己已经赚够了，何必还这么累地积极进取。一个没有潜力的企业是可怕的，更不可能成为百年基业。”这是张茵对儿子的期望，同时也表现出对他日后接管这份产业的信心。

张茵的小儿子出生于1992年，毕业于哈佛大学。当初在选择大学时，张茵鼓励他到美国去读一流的大学。那段时间，小儿子的压力很大，还曾向母亲抱怨过，认为她为自己定的目标太高了。但是，张茵不断地鼓励他，结果他顺利地考上了哈佛。直到这时，他才明白母亲的良苦用心——母亲是在告诉他，要想有巨大的成就，先要有高远的目标和理想。高中毕业那天，他大声对张茵说：“妈妈，谢谢你！”

与注重夫妻间的沟通一样，张茵也十分注重与孩子之间的沟通。小儿子在美国读大学时，她坚持隔天给他打一个电话，简单聊一下彼此的情况，增进与孩子之间的互动与感情交流。不过，虽然注重沟通，但张茵对孩子却从无依赖心理。“我把孩子当作礼物，有这样的观念后，只需要孩子在你病了的时候看看你就行了，不要老是要求孩子一定要孝敬自己，因为自己生养他们花了那么多精力，如果哪里做得不好就痛苦。”张茵认为，最理想的亲子关系，就是父母和孩子都变得独立，相互之间有些距离感，这并不会影响亲子关系，反而可以让亲子关系变得更牢靠。

张茵在亲子教育中之所以收获很大，与她从小的经历不无关系。张茵是家中8个孩子中的老大，从小就开始帮助父母照顾弟弟妹妹，父母对她和弟弟妹妹的教育方式也给了她很大的影响。“我父母对子女的教育使我养成了后来爽直独立的性格。他们总教育我们兄弟姐妹不能占人家小便宜，对人要有礼貌，要学会推己及人，理解别人。如果我们在外面和别的孩子打了架，他们从不去骂别人，只会回来教育我们。虽然父母文化程度都不高，却能让我们8个兄弟姐妹都非常孝顺，我觉得这是我父母最成功的地方。”所以，在张茵看来，在教育孩子的时候，父母的榜样力量是非常大的。所以，无论是为人处世还是在创业奋斗方面，张茵都一直为儿子们做着表率。

虽然张茵早就说过，以后会把事业交给自己的儿子。但是，儿子们如果想挑起这份事业，是有一定条件的。“如果我要从现在的事业中退出，我一定会先将我的两个孩子培养起来，让他们继承我的事业。我们这一代人的成功只是第一步，下一代能在此基础上继续发展，才是真正的成功。对于两个孩子的教育，我倾注了很多的心血。我希望他们能够学会如何做人，学会我们这一代人的勤奋。除此之外，我还会将以后的时间和精力投注在慈善事业上。”

与天下所有的母亲一样，孩子的成功也许对张茵来说比事业的成功更有意义，而且也更能帮助她完成百年玖龙的梦想。

卷四 把中国水饺摆上全世界的餐桌：“水饺皇后”臧健和的奋斗人生

用水饺改变人生

从前，提起湾仔码头，人们想到的或许都是香港那个历史悠久的社区，那里孕育了香港的百年都市文化。但如今，提起“湾仔码头”，人们第一个想到的一定是“湾仔码头水饺”和它的创始人——臧姑娘。从一个流落到香港衣食无着还必须养育两个孩子的弱女子到名震亚洲的“水饺皇后”，臧健和的人生经历充满了传奇。

如今，臧健和的故事和她的“湾仔码头水饺”一同响遍中国香港、内地以及美国和欧洲，她的人生经历甚至被改编为电视剧《水饺皇后》，鼓励和感染了许多在困境中奋力进取的人。臧健和曾说：“我不但可以给13亿中国人做饺子吃，还可以做给世界各地的人吃，让全世界像认识美国汉堡包和意大利薄饼那样认识中国的‘湾仔码头’水饺！”

人物简介

臧健和，女，汉族，1945年6月出生于山东日照五莲县许孟镇仁里村。“湾仔码头”速冻食品品牌创始人，现任上海品食乐冷冻食品有限公司董事及顾问，被誉为“水饺皇后”。

1999年，获香港首届“杰出专业女性及女企业家”奖；2000年，获第四届“世界杰出专业女企业家”大奖；2001年及2003年当选“中国百名优秀企业家”；2004年获“中国工业金奖”及“公益”奖；2006年，获“世界杰出华人奖”，并被授予美国哈姆斯顿大学荣誉博士学位。

流落香港，倍尝艰辛

励志箴言：不要靠别人，要靠自己。无论到何时何地，自己才是自己最能依靠的人。人生的磨难是一笔财富，能够让人变得坚强，更能激发人的斗志。

一个决定，改变三个人的命运

1945年8月15日，日本宣布无条件投降，抗日战争全面结束，历经磨难的中国开始了慢慢的复苏。时间再往回倒两个月，臧健和出生在山东日照五莲县许孟镇仁里村，后随父母去了青岛。

按道理来说，在那个年代，国家百废待兴，人民生活艰苦，所以，一个普通人家的女孩原来不可能有接受教育的机会。但幸运的是，臧健和的母亲虽然只是一个普通的家庭妇女，但在思想上却绝不落后。用臧健和自己的话来说就是，"实际上我的母亲对知识的渴望我直到现在还觉得远不如她，对知识的渴望各方面来讲她真的是一个非常强烈的母校。从小她给我的东西也是读书，就是说知识能改变命运，这一切她早就灌输给我了。"

母亲曾说，宁可砸锅卖铁也要供臧健和读书。就这样，臧健和获得了那个时代许多孩子所不能得到的接受教育的机会。可是，当她高中毕业想要进入大学的时候，却因为出身（臧健和的父亲在解放后去了台湾）而被拒之门外，但她的知识已经足以为她学习护理奠定基础了。

护校毕业后，臧健和成为青岛医院的一名护士，在这里她认识了自己的丈夫——一位以援华医学人员身份来到这里的泰籍华人。认识丈夫那一年是1967年，臧健和刚刚22岁，风华正茂。一个台属，一个归侨，就这样，两颗年轻人的心开始慢慢靠近。她倾慕他的才华，而他则倾心于她的温柔。于是，他们开始相恋，并很快步入了婚姻的殿堂。

婚后，他们先后有了两个可爱的女儿，生活过得平淡而幸福。但是，臧健和心里一直在隐隐担忧，她害怕医学援助结束后丈夫会离开她和女儿，回到泰国。这一天终于到了，可是丈夫的选择让她安了心，他舍不得她和女儿，决定留在中国。那一刻，臧健和感到幸福极了，她似乎看到了未来更幸福的生活在向她招手。然而，这种幸福的感觉并没有维持多少时间，不幸就降临了。

1974年，丈夫接到了父亲病逝的消息，年迈的母亲恳求他回泰国。丈夫非常为难，一边是老母亲的呼唤，一边是妻女的牵绊，他不知道该如何抉择。看到满面愁容、左右为难的丈夫，善解人意的臧健和催促他马上回国。得到她的理解，丈夫非常感激，临走前他许诺，回到泰国后一定会妥善安排，尽快接她们母女到泰国团聚。丈夫回国定居后并没有食言，开始千方百计为臧健和母女三人办理赴泰的各种手续。可是，由于种种原因，证件很难办理，一拖就是三年。

在这三年中，臧健和独自抚养着两个女儿，日子虽然过得辛苦，但因为心中有期盼，所以苦也不觉得苦。终于，前往泰国的所有问题都解决了。就这样，1977年，31岁的臧健和辞去了护士的工作，辞别了年迈的老母亲，带着两个女儿满心欢喜地踏上了赴泰国与丈夫团聚的路途。当时她并不知道，在泰国等待她的是另外一场足以改变她命运的“劫难”。

到了泰国之后，臧健和才知道，丈夫已经另外有了妻室，并生了儿子。臧健和的婆家经营丝绸生意，在泰国很有名望。这样一个大家族，重男轻女的思想自然根深蒂固，为了续香火，丈夫另娶妻室也无可厚非。而且，泰国法律是允许一夫多妻的。所以，面对臧健和，丈夫虽然有些愧疚，但也希望她能理解自己。

这时候，婆家早已经给她安排好了未来的生活，那就是接受现实，心安理得地做正房太太，然后安分守己地过日子。但是，独立刚强又自尊自爱的臧健和却无法接受与另外一个女人共同拥有丈夫这个现实。她知道，如果自己和女儿留在这个家里，只能忍气吞声地过下去。自己受委屈不要紧，主要是留在这里会让两个女儿跟她一起受委屈，甚至耽误她们的人生。因为她知道，泰国重男轻女的思想相当严重，虽然她的婆家在当地已经是有钱有势的华侨，但他们家的女儿却没有一个能去读大学，成年之后便都很早就嫁了人。自己的人生已经如此破败，不能再让女儿们像自己一样。所以，她决定离开泰国，离开丈夫，这个决定，最终改变了她和两个女儿的命运。

对于臧健和作出的这个决定，丈夫并没有挽留，这虽然让她感到伤心，但同时也坚定了她一定要带着两个女儿独立生活的信心。就这样，她毅然离开泰国，可是，下一站该去向何处呢？

初到香港，颠沛流离

当时，中国和泰国还没有建交，所以为了前往泰国，臧健和办理的是香港护照。这样一来，当她从泰国往回国内时，必须先退回香港。这时候，她面临着两种选择，一种是办好手续之后回到青岛，另外一种是留在香港。

原本，臧健和可以回到青岛，因为那里是她熟悉的家乡，她可以在那里从头开始。可是，她却选择留在了香港。当然，之所以作出这个选择，臧健和是经过深思熟虑的。

首先，当初她离开青岛时，家人、亲戚、朋友、同事都知道她是去泰国投奔丈夫的，如果这时候回去，该怎样面对他们呢？其次，当时的中国内地，十年动乱刚刚结束，整个社会还处在创伤之下，许多人都很彷徨无助，在这样的大环境下，独自带着两个女儿生活，日子一定过得更艰辛。另外，最重要的原因是，不服输的性格告诉她，一定要独立，一定要把两个女儿培养得有有出息，一定要活得更好。

可是，面对陌生又举目无亲的香港，要想在此立足，对于一个带着两个孩子的单身母亲来说有多难可想而知。首先，到哪里去找一个落脚的地方是臧健和必须要解决的问题。当时她手里的钱很有限，只能去租房子，但是就在这个问题上她第一次碰了壁——没人愿意把房子租给她。原因很简单，因为她带着两个不懂事的孩子，房东们都不喜欢她这样的租客，一来担心孩子吵闹，二来担心孩子会弄脏家具。没办法，臧健和只好一家一家去问、去求，终于她在铜锣湾的一栋旧楼里租到了一间四平米的小房间。小屋的陈设十分简陋，没有家具，没有窗户，但租金却一点也不便宜，要两百块钱。与此同时，臧健和还要遵守房东的“清规戒律”，比如，不能让孩子到客厅去，只能每天窝在那间小屋里。大人可以忍受，可是正是活泼好动的女儿却实在忍受不了这种煎熬，尤其是当客厅的电视传出放动画片的声音时。有一次，她们经不起电视机的诱惑，偷偷溜出房门，只为了能看一眼电视，可是却被房东责骂了一顿。晚上臧健和回来时，小女儿蓬蓬抱着她哭诉：“妈妈，为什么在青岛的时候人人都喜欢我，可是到了这里，人人都讨厌我？”臧健和不知道该怎么回答女儿，她心里既心酸又难过，但她知道，自己不能在女儿面前哭，那样会让女儿更加感到无助，所以她只能紧紧是抱着女儿，安慰她们。

尽管如此，臧健和还是很感谢房东太太，因为她的收留，让自己和女儿有了一个安身之地。当然，一切才刚刚开始。有了住所之后，一家三口还要吃饭，还要付房租，以后的生活会更加艰辛。面对这些的压力，臧健和知道自己绝不能倒下，一定要坚强地挑起这负重担。

就这样，她开始了艰辛异常的打工生涯。当时，语言不通是她最大的障碍，所以她只能找一些尽量不用说话的工作。当时，她一天要打 3 份工：早上 6 点半，要去给一位糖尿病患者打针；8 点多，要到一家酒楼去当洗碗女工；到了晚上，还要到电车厂去洗车。她每天只能睡四五个小时，劳累了一天回到家时，往往已经凌晨一点多。一个单身女人带着两个年幼的孩子在香港生存，其中的艰辛不言而喻，绝望时，臧健和甚至感觉"上天无路，下地无门"。这时候，有人劝她，趁着年轻，又长得漂亮，不如到夜总会去"坐台"，那样可以赚到更多钱。可是，臧健和却没有那么做。因为她知道，自己是两个女儿的榜样，要想把女儿教育好，自己必须要管好自己。所以每当撑不下去的时候，她就这样告诫自己："我必须活出个样子来，为女儿做个榜样。"

除了这固定的 3 份工以外，臧健和平时还会接一些零活来干，其中一份工作是剪线头，每天可以赚 10 元钱。

有一天，八岁的大女儿蓓蓓放学回到家之后，臧健和还在忙着剪线头，旁边有一堆已经剪好的线头还没来得及送到工厂。看到妈妈这么辛苦，蓓倍自告奋勇地要帮妈妈去工厂送货。听了女儿的话，臧健和很感动，可是她不放心让女儿去送货。可是蓓蓓一个劲地恳求，并保证自己一定不会迷路，臧健和被女儿的执着打动了，同时也想着自己可以省出送货的时间多干一点活，多赚一点钱，于是就答应了。

可是，到了约定的时间蓓蓓却还没有回来，臧健和急得不知所措。好在蓓蓓最后终于回来了，可是她把背出去的货又背了回来，原来她迷路了。看到女儿回来了，臧健和悬着的一颗心终于放下了，可是看到她背回来的货，臧健和又很生气，因为这意味着耽误了给工厂送货，会被扣工钱。所以，她不听女儿的解释，狠狠地把她责备了一顿。可是看到女儿沾满土的裤子上透出的斑斑血迹，臧健和又心疼又后悔，母女三人抱在一起，哭成了一团。

尽管日子如此艰辛，但臧健和却一直在咬牙坚持，因为两个聪明懂事的女儿就是她最大的精神支柱。

意外工伤后的选择

屋漏偏逢连阴雨。有一天，臧健和在一家酒楼洗碗时，不小心被运货的人撞倒在地。当时，她以为只是受了点皮外伤，所以并没有声张，想着晚上回家搓一搓药酒就没事儿了。可是，让她没想到的是，回家搓完之后，情况却更糟糕，半夜上厕所都爬不起来了。

到了早上，为了不让两个女儿担心和害怕，臧健和咬着牙把她们哄着送出了家门。女儿上学后，她到医院一检查，竟然是腰骨严重裂伤。同时，医生还给查出了她从来不知道的糖尿病。

没有钱住院，她只能躺在家里。看着围在床前哭泣的两个女儿，臧健和感到了从未有过的无助。如果自己以后不能再打工了，靠什么来养活两个女儿？这时候，香港劳工处了解了她的情况，告诉她，根据香港的法律规定，工作期间受伤，可以向老板提出经济赔偿。可是当她同那家酒楼的老板进行交涉时，没想到酒楼老板不仅一口咬定她不是工伤，而且竟以她当时不立即声明表示受伤而拒绝赔偿，更令臧健和感到气愤的是，他竟然反过来诬陷她，说她是个连广东话都听不懂的新移民，这样做是在故意诈钱，并无情地把她辞退了。

万般无奈之下，臧健和只能通过法律来维护自己的权益。最后，经过香港劳工部和法院的裁决，臧健和胜诉，酒楼老板需要向她支付 3 万元赔偿费和4500元工资。可是，臧健和却只收下了4500元工资，而将3万元赔偿费退给了老板。

许多人对此表示不解，酒楼老板更是大感诧异：竟然有人连钱都不要，而且是合理合法获得的赔偿？臧健和之所以这样做，当然有她的理由，而且这个理由非常充分。

“我就是因为那种骨气的心态，我看着他的样子很不满意法官的判决，这个时候他心里在想，因为你是个贫穷的妇人，所以可能法院这边就向着你，不一定是真的是受的工伤……我自己感觉上，他一不服，我在他心里就是跳黄河也洗不清，我真的拿了他三万块钱，可能他这一辈子要告诉人这个女人骗了他三万块钱。可是我就是因为这个问题跟你打的官司，OK，这三万块钱我还给你，我不要！我告诉你，真的让你在心里头彻底地明白，我与其在你心里永远跳了黄河也洗不清，不如让你的心里悔恨一辈子！你确确实实地欺侮了一个妇女，一个善良的大陆妇女！”

臧健和打这场官司的目的，就是为了向社会讨一个公道和正义，绝不是为了钱。可是，她的两个律师却认为她这样做有些意气用事了，于是便劝她说，不能要骨气不要面包。其实律师说得也有道理，当时，臧健和每个月打三份工，加一起也就只能赚到一千块钱，三万元等于她两年半的工资，可以帮助她解决很多生活上的问题。可是，臧健和最终还是没要这笔钱，因为她觉得自己的自尊要比这三万块钱更值钱，而且她也坚信，自己通过努力一定可以闯过这道难关。

随后，香港社会福利署派人告诉她，像她这样受了伤暂时不能工作的情况，可以申请领取香港政府给予的公援金。当时，这笔公援金每个月有几千块钱，比她打工赚的钱多好几倍，如果接受了这笔钱，那么她们母女三人的生活就会有了基本的保障。可是这一次，臧健和再一次拒绝了。她认为自己还年轻，还没到成为社会包袱的程度。更重要的是，她觉得，如果自己接受了这笔公援金，那么今后就无法再教育两个女儿自立自强。“我还年轻，有能力工作，靠公援金生活就辜负了自己，孩子也会为自己是公援金家庭而自卑，无法跟其他孩子一样健康成长，为使女儿活得堂堂正正，我心甘情愿吃更多的苦。”

或许，从当时的眼光来看，臧健和的做法有些极端。但是不得不说，正是由于她的这种极端和坚强的个性才造就了她日后的成功。

工伤之后无法再打工，从表面上，这好像是命运对她的又一次捉弄。可是，或许连臧健和自己也没想到，也正是由于这次工伤，她的命运出现了一次重大的转折，这一转折甚至影响了她日后的整个人生。

水饺是我的"第三个女儿"

励志箴言：万事开头难，良好的开端等于成功的一半。做任何事情都要有敢于起步的勇气，只要你能迈出第一步，那么接下来，只要坚持下去，成功就会在不远处等你。

卖出第一碗水饺

腰骨撞坏后，臧健和已经不能再外出打工了，可是家无隔日粮，这样待下去母女三人的基本生活都无法保障，她不得不开始绞尽脑汁想出路。这时候，一个来探望她的朋友给她提了一个建议："你做的饺子那么好吃，不如就卖饺子吧。"听了朋友的话，臧健和似乎被触动了，可是想想之后她又泄气了："以我现在的情况，哪有钱开铺子啊？"朋友又给了她一个建议："没钱开铺子，你可以先推车到街上卖啊！如果生意真的好做，等攒够了钱再开铺子也不迟啊！"一语点醒梦中人，臧健和似乎在黑暗中看见了一丝曙光。

可是这时候，有几个朋友知道了她想去卖水饺的想法之后却提出了反对意见。他们说，香港有二十几万北方人，其中有许多人都在开饭馆，而且大多都有饺子卖，在街边摆摊卖饺子的也不少，但是一直以来，饺子却一直没得到香港人的认可和接受。在这种情况下，他们认为臧健和要去摆摊卖饺子，前景并不乐观。这几个朋友的话对臧健和的打击不小，她也知道朋友们分析得不无道理，可是，以自己当下的情况来看，唯一的出路似乎只剩下了摆小摊。而自己最拿的出手的手艺就是包水饺，不卖水饺又能卖什么呢？所以，就算前景不乐观，臧健和却不得不试一试。

就这样，受伤后仅在家休息了13天，臧健和就开始工作了。她购置了小木车、火炉子等工具，然后来到了香港繁华的湾仔码头边摆起了水饺摊。卖水饺的第一天，臧健和推着小推车，从家里到湾仔码头原本15分钟的距离她走了40多分钟，她觉得那一天的那一段路特别漫长。在走的时候，有一个声音一直在她脑子里回响："健和，你怎么沦落到这种地步？"这个声音一直在回响，所以她觉得周围的人都在看她，心情既紧张又有些难堪。但是，这些复杂的情绪在她卖出第一碗水饺之后就慢慢消失不见了。时至今日，她一直也忘不掉卖掉第一碗水饺时的情形。

那一天，推着小车来到码头之后，她就开始忙活起来：点炉子，擀面皮。那天正好是一个休息天，两个女儿都不用上学，就跟着她一起来到码头帮忙，姐姐蓬蓬帮着擀面皮，妹妹蓓蓓帮着洗碗。就在这时候，五个大学生样子的年轻男女朝着她的饺子摊走了过来。看样子，他们像是刚刚做完晨练，其中一个男孩子手里抱着一个球。看到臧健和在包饺子，他们感到很好奇，其中一个年轻男孩问道："你卖的这是什么？"男孩说的是粤语，臧健和虽然听不太明白，但大概知道他的意思，急忙连比带划地说自己卖的是北京水饺。这几个年轻人有些听不明白，这时候，大女儿蓓蓓就给他们解释说妈妈卖的是水饺。他们显然对饺子挺有感兴趣，于是就问什么时候可以吃。臧健和急忙说，马上，马上。于是他们就在这个简陋的摊子前坐了下来，每人要了一碗。

当时，臧健和心里既高兴又紧张：这么快就有了客人，但是他们会喜欢我的水饺吗？臧健和紧张地把饺子下锅煮熟，然后小心翼翼地把几碗热气腾腾的饺子捧到这几个年轻人面前。看他们拿起筷子，夹起水饺，臧健和紧张的心情中又增添了一种渴望。就在这时候，她听到其中一个女孩子说："哇，好好吃呀！"听到这句话，臧健和高兴极了，但是她还听不太懂广东话，所以不太敢相信。接着，另外四个年轻人也开始连声说"好好吃啊"。这一次，臧健和终于听明白了，也相信了，她激动得流下了眼泪。如今，说起这段往事，臧健和总会说，"好好吃啊"是她最喜欢的一句广东话，也是她学得最好的一句广东话。

虽然只是一句简简单单的"好好吃啊"，但是这几个年轻人不知道，他们的这句赞赏救活了臧健和一家人。后来，臧健和在回忆这段往事的时候曾说，这几个年轻人就是她的恩人，她曾经想要找到他们，可是很遗憾一直都没找到。

这一单生意，臧健和只卖了十块钱，但这已经足以让她沿着这条路一直走下去了。

推着小车"打游击"

最初摆小摊的那段日子很辛苦。每天，凌晨五点臧健和就要到菜市场去买菜，回来之后便开始洗菜做馅、和面熬汤。一切准备妥当之后，便推着小车去码头。到了码头就立即开始生火，然后边包边煮，一直要忙到最后一班轮渡过后才收摊。就这样周而复始，无论刮风下雨，没有一个休息天。

因为没钱雇不到帮手，所以两个女儿就成了她最得力的小助手。放学后她们就会到码头上帮忙，休息天会全天都跟臧健和待在码头，跟她一起包饺子、洗碗。虽然自己当了老板，不用再听别人吆三喝四，但其中的甘苦，却只有她们母女三人最清楚。冬天时，天气特别冷，女儿的手被冻得通红，海风一吹伤口就会裂开，但是她们从来没有抱怨过一句。臧健和看到两个女儿这样懂事，既感到安慰又觉得心酸。

自从卖出第一碗水饺之后，臧健和的水饺受到了越来越多顾客的肯定，这让她充满了信心。为了给女儿们挣口饭吃，让她们能上得起学，就算再苦再累，自己也会坚持下去。

顾客的问题解决了，但是此时臧健和的小摊还面临着另外一个很棘手的问题，那就是当时的臧健和没有店铺，更没有工厂，只是一个每天推着小车满街走的无牌小贩。要知道，在香港无证经营要冒很大的风险，随时都有可能被抓起来，而且还要面临几十元甚至上几百元的罚款，这对于像臧健和一样靠小生意生活的底层人来说，无疑是很大的打击。所以，她每天不得不在担惊受怕中躲躲闪闪地做生意。

这时候，小女儿蓬蓬就替她当起了“放哨员”。每天放学后，大女儿蓓蓓便开始帮着妈妈包饺子、洗碗，小女儿蓬蓬就开始给妈妈放哨。每一次，蓓蓓都会站在码头的高处，看到有警察走过来，或者小贩管理队橙色的车开过来，她就会大声地通风报信：“妈妈，走鬼啊！”（香港称逃避小贩管理队和警察的捉拿为“走鬼”）只要听到蓬蓬的喊声，臧健和就会马上和大女儿推着车子躲避起来，等检查的人走了之后再出来。

别看蓬蓬年纪小，但很机灵，每一次放哨都很有成效。可是有一次，她却“失职”了。那一天，蓬蓬又去放哨。突然，她看到旁边报摊的小贩叔叔带来了一只小狗，立刻就被吸引了过去，完全忘了自己的任务。就在她和小狗玩得正开心的时候，一个警察正好走了过来，臧健和就这样被逮了个正着。周围的小贩趁机纷纷逃散，四周乱成一团。臧健和虽然没跑掉，但她很平静，因为她知道，自己无证经营是为了生活，警察抓她也是为了生活。

这时候，蓬蓬听到这边乱哄哄的，就跑了回来。看到妈妈被警察逮住了，她吓得哇哇大哭。一边哭一边往这边跑，跑到警察身边之后，拉着警察的衣角哭着恳求道：“叔叔，叔叔，你放了我妈妈吧，不是妈妈的错，是蓬蓬的错，蓬蓬没有看好你……”原本，只有四岁的蓬蓬平时看到警察总是吓得直躲，可是这时候为了妈妈，她什么也不怕了。这时候，大女儿蓓蓓也跑了过来跟妹妹一起哭着恳求警察。

丈夫抛弃她的时候，她都一直坚强地忍着，没在女儿们面前流过一滴眼泪，可这时候，当她看到两个女儿为了自己哭成泪人的时候，眼泪再也忍不住了，母女三人抱着哭成了一团。

看到这一幕，那位警察的眼睛也红了，接着他说出了一句让臧健和意想不到的话：“臧姑娘，去做生意吧。”说着转身走开了。两个女儿看到妈妈得救了，都激动得跳了起来，对着警察的背影大声喊着：“谢谢你，叔叔！”臧健和对这位警察充满了感激，同时也在心里为他祈祷，因为她知道，警察放了她是冒着被开除的危险的。后来，臧健和曾多方打听这位警察的消息，得知他没有被开除，这才稍稍安了心。很多年后，每当回忆起当时这件事，臧健和都会泪流满面。

就这样，臧健和跌跌撞撞地开始了自己卖水饺的生涯。日子就在艰难中一天一天过着，在这些艰难中让臧健和感到欣慰的是，自己的水饺受到了越来越多人的喜欢。“湾仔码头臧姑娘水饺”的名声渐渐传了开来。这时候，在臧健和心中，早已“把水饺看成了自己的第三个女儿”，看到自己的这个“女儿”也在茁壮成长，臧健和觉得欣慰极了。

抓住机遇，“北京水饺”进驻商超

励志箴言：人生路上，机遇常常可遇而不可求，抓住一个机遇往往要比辛苦奋斗好几年更有效果。因此，面对机遇一定要果断出手。

创业历程中的第一个转折

臧健和是地道的山东人，所以质朴、诚实的性格与生俱来，这种性格表现在做生意上就是认真负责、童叟无欺。因为以前做过护士，所以她一直保持着护士的职业习惯，那就是对食品和器皿的清洁卫生从来都是一丝不苟地去做。在她的小摊上，各种食材都是当天买的新鲜肉菜，各种器具每天也都要用消毒水消毒，就连洗碗布都是雪白的。在家里，她对卫生问题更是从不马虎，家里每天都用消毒水、漂白水清洁，结果家里的小猫因为舔了太多的消毒水，口腔溃烂，最后死了。

臧健和也有着山东着的豪爽，在青岛的时候，她和亲戚、朋友、邻居相处得都不错，大家也都愿意到她家里去做客。臧健和经常给来访的客人包饺子吃。每一次，她都会挑选最新鲜的食材，做出最好的饺子给大家品尝，看到大家吃得很开心，听到大家对她的手艺的赞美，是她最开心的事情。

在香港开始卖水饺的时候，她就在心里下定决心，尽管自己现在是在做生意，但是包出的水饺一定要像从前包给自己的亲戚朋友的水饺一样新鲜又好吃。本着这个原则，她的水饺很快就有了一批又一批的回头客。看到许多顾客都开始再三光顾自己的小摊，臧健和很高兴。但同时，她也发现，尽管自己用的面、菜和肉都是最好的，但是这些回头客却大都是北方人，其中很少见到土生土长的香港人或是广东人。看来，自己的水饺还是没有得到真正南方人的认可。

既然得不到认可，其中一定有原因，于是臧健和开始细心地寻找。有一次，一个顾客在吃完水饺后把饺子皮留在了碗里。臧健和看到后急忙上前询问缘由，结果那个顾客很直接地告诉她："你的饺子味道确实不错，但是饺子皮却太厚了，就像棉被一样，实在让人下不去口。"原来是这样！臧健和终于找到了自己的水饺不被香港人接受的原因了——她的水饺是正宗的北方水饺，而北方水饺的特点就是皮厚、味浓、馅咸、肥腻，而这些都是不符合南方人口味的。

知道了问题的症结所在，臧健和便开始反复研究面皮和饺子馅的配料。她一遍一遍地擀制面皮，一遍一遍地调制不同肥瘦配比的肉馅，不知道浪费了多少材料。经过几个月痴迷的研究制作，她终于擀制出了爽滑的薄皮，也终于拌出了鲜而不腻的肉馅。从那之后，臧健和的北京水饺才真正得到了香港人和广东人的认可，生意也越来越红火了。

久而久之，一传十，十传百，臧健和的水饺卖出了名气，不仅在码头上卖得红火，也卖进了写字楼、酒店等高档场所。甚至有许多慕名前来顾客，排一个半钟头的队，只为了尝一口"臧姑娘北京水饺"。随着生意红火一起到来的，是更加的忙碌和劳累，但是，臧健和心里却是高兴的，不仅仅是因为赚到了钱，更是因为她觉得自己的人生价值因为一碗水饺而得到了充分的体现。

渐渐地，卖熟水饺已经供不应求了，于是臧健和又卖起了生水饺，以方便顾客拿回家自己煮。生水饺生意红火之后，臧健和便在码头边上的堆货场搭了一个临时的小木屋，开始在这个“山寨工厂”里生产生水饺。就这样，香港湾仔码头“北京饺子”的名气越来越响，以致成为了香港的名牌产品，连当时的港督府都慕名前来求购。

在码头卖了一年水饺之后，1978 年，臧健和遇到了她事业发展的第一个转折点。那一年，香港政府决定对湾仔码头进行改建，臧健和便想利用这个机会扩大经营，但是她当时手里没有开店铺的钱。就在这时候，刚巧改建码头需要征用她在那里搭建的小木屋，结果香港政府补偿给她 3 万多元钱。这笔资金对臧健和来说，无疑是雪中送炭，使她有了扩大经营的资本。从此之后，她的水饺一路畅销，势不可挡。

这时候，有人提醒臧健和，“北京水饺”只是一个泛称，应该给水饺取个正式的名字了。于是，臧健和便在“北京水饺”前面加上了 4 个字：湾仔码头。从此，臧姑娘将那个以小贩身份卖水饺的码头的名称，定为她的水饺品牌——湾仔码头正式诞生了。

随着生意的红火，臧健和的收入也渐渐多了起来，她和两个女儿的生活也有了保证。这时候在臧健和看来，摆小推卖水饺已经不再仅仅是为了生活，她已经把这当成了自己的事业。为了把赚更多的钱，为了把女儿们培养成才，她决定寻找机会进一步拓展自己的生意，让自己的水饺卖到更多的地方去。终于，在当了三年小贩后，臧健和创业过程中最重要的一个转折点到来了。

智斗日商，湾仔码头水饺进驻商超

那是 1982 年的一天，臧健和正在码头上卖水饺，突然接到了一个朋友打来的电话，臧健和叫她表姐。这位表姐当时在香港做珠宝生意，跟日本一家颇有名望的百货公司常有生意往来。那时候，臧健和已经开始卖生水饺。有一次，表姐去那家日本百货公司的大老板家参加一个聚会，她把臧健和的水饺当作礼物拿了过去。没想到，臧健和的水饺在那次聚会上大受欢迎，尤其得到了那位大老板的女儿的喜欢。当时那个小姑娘十二岁，是日本老板的独生女。因为从小娇生惯养，吃东西十分挑剔。可是那天，她却一连吃了 20 多个臧健和的水饺，这让她的爸爸很吃惊。生意人不愧是生意人，这个日本大老板立刻从这件事情中捕捉到了一丝商机——臧健和的水饺是一个出色的商品，如果把握好机会，会做成一笔不错的生意。于是，他通过这个表姐转告臧健和，自己想在香港和日本的商超推广她的水饺。

表姐很替臧健和高兴，因为如果合作成功她就可以脱离小贩生涯了。于是，她立刻把这个消息告诉了臧健和，臧健和也很高兴，第二天就跟表姐去了日本商人那里。日本人很认真，当时一共有六个人跟臧健和谈判。按他们的要求臧健和带了一些自己包的水饺，吃了水饺之后，那几个日本商人都连连称赞，说太好吃了。然后就立刻说，要去参观一下臧健和的工厂。臧健和一听他们要参观工厂，当时吓了一跳，就看着表姐，意思是在问她，难道没跟对方说自己是小贩吗？表姐摇了摇头。臧健和没有犹豫，直接就说了实话。她说，自己没有工厂。日本商人听了她的话感到很奇怪，就问她没有工厂怎么卖水饺，臧健和说自己是码头上的小贩。

一听臧健和说她只是摆路边摊的小贩，那几个日本商人全都笑了，原来谈了半天，竟然是在跟一个路边小贩谈，太可笑了。臧健和一看这情形就知道生意谈不下去了，于是就跟表姐走了。一到外面，表姐就责怪她，说她太笨，难道想一辈子当小贩，还说如果日本商人想去参观工厂，她可以这样说：工厂重地，闲人免进，谢绝参观。臧健和知道表姐也是为了她好，但是她不想撒谎骗人，而且这种事情肯定瞒不住，万一被人家知道了，自己的信誉就没了，谁还会跟自己合作呢。就这样，第一次的商谈无果而终。

本以为与日商合作已经没有希望了，没想到，仅过了一个晚上，事情就发生了转机。第二天，日商再次找到她，希望接着商谈。这一次，日商带来了很诱人的条件：提供设备，提供技术，帮助申请牌照，而且提出“第一给你卖遍全香港，第二给你卖遍全日本”的诱人条件。但同时，臧健和也必须答应交出配方，而且水饺也不能再用“湾仔码头”这个商标，而要改用日本商标。

原以为这是一桩不错的生意，可是当日商提出更换商标的时候，臧健和想都没想立即拒绝了。面对臧健和的拒绝，日商感到很诧异，他们没想到面对这么丰厚的条件，这个摆地推的小商贩居然不买账。这一次，表姐更生气了，她对臧健和说：“你知不知道，有多少人抢破头都想跟这些日本商人合作，把自己的商品卖到高级商超里去，可你面对这么丰厚的条件居然拒绝了！”表姐还说，“湾仔码头”又不是什么知名品牌，不用又没什么损失，她弄不明白臧健和为什么这么固执。

不过，日后的事实证明，臧健和当初的坚守是十分正确的。当然，那时候，臧健和并没有什么品牌保护意识，她只是有一套比较单纯的想法：在她看来，只要是商人，当然都是“无利不起早”。而自己与这个日商非亲非故，他之所以会给自己这么优厚的条件，当然是有利可图。而且，当日本人掌握了自己的配方和技术，把自己的饺子变成了日本的饺子之后，那么谁能保证自己不会被踢出局。万一发生这种事情，自己该怎么办？所以，她不能冒这个险，宁可守着自己的小摊，也要用自己的牌子，这样心里才踏实。

这种单纯的想法，让臧健和保住了自己的品牌。用今天的眼光来看，她当初的这个决定非常有市场远见，充满了智慧和眼光。

拒绝了日商提出的优厚条件之后，臧健和以为这笔生意彻底没希望了，可是戏剧性的一幕又发生了。第二天，表姐又打来了电话，她告诉臧健和，那个日商还是想跟她合作，而且这一次还作出了让步。日商同意臧健和保留自己的商标和包装，但在包装上不能印通讯地址和电话。臧健和立刻又提出了反对意见：没有通讯地址和电话，顾客对产品有什么意见或建议该怎么与厂家联系？如果不了解这些市场反馈的第一手资料，又该怎么提高产品的质量？长此以往，顾客的不满就会累积，直到放弃对产品的需要。日商觉得臧健和说得很有道理，于是便同意在包装上保留联系地址和电话。

基本的合作条件都已经谈得差不多了，接下来便谈到了定价问题。日商让臧健和生产一些品质好的水饺，拿到他们的超市去卖，然后问她要多少钱。臧健和提出每盒水饺的批发价定在 12.5 港元比较合适，没想到日商听到这个定价边摇头边大笑起来。这时候，那个董事长直接用国语问她说："臧姑娘，你到底懂不懂做生意啊？"臧健和很坦白地说："不懂。"董事长又问："那么批发价要低于零售价，这个你知道吗？"臧健和说："这个我知道。"董事长又问："那你给我们的批发价为什么比你的零售价还要贵，我知道你现在的水饺零售价只有 11.5 元，为什么给我们的批发价要 12.5 元，你能解释一下吗？"臧健和当然不是随便说出 12.5 港元这个批发定价的，她有着很充分的理由："我现在卖水饺的方式还是比较简单的，就是边包边卖，大概两三秒钟包一个。包好了之后倒进盆里，排队的顾客自己用装好了之后付钱，交易就算完成了。整个过程，在包装和售货方面都没有什么特别的支出。而与贵方合作之后，当然不能再以现在这种方式出售商品，这样一定会影响大丸商品（日商的品牌名称）的形象。所以，合作之作，在包装方面一定在有所改进，要整齐又漂亮才行。这样的话，盒子要好好设计，怎么摆放也得下些功夫，核算一下成本最少要多出 3.5 元。所以我现在的定价只多出 1 元，是合情合理的。"

听了臧健和的话，刚才还在笑话她的日商立刻对她肃然起敬并连连点头，还称赞她有生意头脑。就这样，生意终于成交了。一个不懂得任何经营之道的地摊小贩竟然在谈判中征服了久经沙场的日本商人，可以说，这是臧健和创业历程中赢得十分风光的一次。从此，臧健和的"湾仔码头"水饺正式从地摊走进了香港高档超级市场。日商的眼光是精准的，水饺一经上市，立刻一炮打响。随着日资百货数百家超市的全面铺货，"湾仔码头"水饺在香港很快成为冷冻食品第一品牌。

"湾仔码头"的发展历程

励志箴言：牛顿曾说，"我之所以看得远是因为我站在巨人的肩膀上"，这句话放之四海而皆准。无论是做人做事，如果能够找到一个强大的支持者，必定会事半功倍。

"湾仔码头"正式建厂

如果说在刚开始摆地推的时候，臧健和就知道自己的水饺可以做成这么大的一个品牌那有些夸张了。其实，当时她的愿望很简单，那就是自食其力，养活自己的两个女儿，把她们培养成才。但是，自从与日本商人合作成功，把水饺卖进大型商超之后，臧健和似乎看到了把水饺生意做大的希望。

在与大丸商社合作成功后不久，沙田的八佰伴百货公司也开始跟臧健和接洽。当时，这间百货公司还在建地基，老板便找到臧健和，想把整个食物部转给她经营。虽然这是一个很好的机会，但当时的臧健和还没有这么多精力。所以最后，她只接下了一个摊位的经营。可让她没想到的是，百货公司开业后，她的这个小摊位一天的销售额就达到了 4 万元。

几年之后，在香港，所有日本人经营的超级市场都成了"湾仔码头"

水饺的分销点。生意越做越大，臧健和终于有钱可以建工厂了。于是，在1985年、1987年和1989年，臧健和在香港先后开办了3家工厂，并全部顺利走上正轨。随着工厂的建成，生意如同滚雪球般越做越大，几年时间固定资产就达到了4亿港元。

1991年，在香港贸发局举办的国际食品节上，臧健和应邀在会上为贵宾表演包水饺，她的“湾仔码头”水饺受到了中外嘉宾的一致好评，称其是一种受北京人、南方人甚至是外国人都欢迎的国际流行口味的食品。从那之后，臧健和开始被誉为“水饺皇后”。

在香港回归前夕，许多香港商人和普通百姓都在忙着移民海外，但这时候臧健和却正在悄悄地筹建她的第一个现代化大型工厂。1996年，臧健和斥巨资在寸土寸金的香港建造了一座1200平方米符合国际标准的现代化厂房。这一现代化工厂的建立，让“湾仔码头”实现了质的飞跃。

与美国通用磨坊合作

从1985年到1989年先后建成3家工厂之后，臧健和对自己的水饺生意开始寄予了更高的希望。从那时起，她的理想更远大了，她要把事业发展得更加壮大，延续得更加久远。

而这一远大理想在1997年与通用磨坊合作之后，才正式开始慢慢实现。说起与通用磨坊的合作，里面还有一个“三顾茅庐”的故事。

1996年，随着臧健和在香港建造了一座大型现代化工厂之后，“湾仔码头”的名声更大更响了。这时候，国内外许多公司都开始来找臧健和，希望能和“湾仔码头”有进一步的合作。这时候，臧健和十分谨慎，在“湾仔码头”的规模慢慢发展起来后，她发现企业做得越大自己的能力反而变得越小了，所以，那时的她急切地想要在未来的发展路上找一位导师，能给她以正确的引导。于是，她开始在这些想跟她洽谈合作的企业中寻找适合做自己导师的那一个。这些企业有的来自日本，有的来自欧美。对于这些大企业来说，当时的“湾仔码头”还只能算是一个作坊。所以臧健和打定主意，要想把自己这个作坊做大做强，一定要找一家有实力的企业来合资，做自己坚实的后盾。这时候，通用磨坊登场了，不过他们与臧健和的合作在刚开始并不顺利，前后共历时一年半时间，而且还是“三顾茅庐”才见到了臧健和。

1996年，通用磨坊的谈判代表先找到了臧健和的大女儿，希望能通过她来跟臧健和达成协议。大女儿把通用磨坊的合作意向跟臧健和作了汇报，可是臧健和当时并没有太在意。在她看来，美国人是不懂饺子文化的，所以跟他们合作有些不太合适。双方的第一次接洽就这样结束了，通用磨坊的代表连臧健和的面都没见到。

不过，当时通用磨坊的美方总裁还是很有耐心的，第一次虽然没有跟臧健和接洽上，但他们却很耐心地在香港等了三个月。三个月之后，他们又找到了臧健和的大女儿，希望她能再次从中协调。看到对方很有诚意，臧健和也不好再拒绝，于是就答应了跟他们见一面。臧健和跟他们吃了一顿饭，席间，美方代表向臧健和表达了很大的诚意，说他们非常希望能跟湾仔码头合资。虽然答应了见面，但从内心来讲，臧健和还是不想跟他们合作，理由跟之前一样。所以，她首先向通用磨坊表示了感谢，但同时她也很直接地说出了自己这种担忧，并再次拒绝了对方。

不过，两次遭到拒绝并没有让通用磨坊打退堂鼓。之后，他们第三次找到臧健和，这一次他们想要邀请她到美国去参观工厂，并订好了机票和酒店。同时，他们还说，无论合资成功与否，都希望她能去看看他们现代化的工厂和管理，如果看到了值得借鉴和学习的地方，他们愿意无偿地帮助湾仔码头。

通用磨坊的这一策略终于起到了作用，臧健和根本没有拒绝的理由，所以她同意了。到了美国之后，臧健和真切地感受到对方现代化的管理和机械化的生产，也看到了操作工人严谨用心的工作态度，以及对卫生品质的严格要求。最后，臧健和来到了工厂的研发部参观，她看现，通用磨坊的研发部竟然比一些香港企业的工厂还要大。通过了解她得知，每年通用磨坊都会向研发部门拨放研发基金，而且高达一亿美元。

通过这次参观，臧健和觉得自己这只“井底之蛙”终于大开了眼界，同时她也感觉自己一直在寻找的导师终于找到了。

就这样，1997年7月17日，“湾仔码头”与美国通用磨坊开始了合作。1998年，双方共同投资1000万美元在上海浦东建立的工厂正式投入生产，这标志着“湾仔码头”水饺正式全面打入中国内地市场。而在上海建厂的同时，广州生产基地也开始动工，并很快建成投产。

如今，在香港的超市里，超过50%的速冻食品都来自于“湾仔码头”，新鲜熟食的水饺市场，几乎100%是“湾仔码头”。在中国内地，“湾仔码头”在华南市场占到冷冻食品市场份额的50%，在北京，这一比例也达到了20%～25%。

如果说与日商的合作使“湾仔码头”由小贩变成小工厂，那么和美国通用磨坊的合作，则使“湾仔码头”水饺的生产完成了向现代化工厂的突破性转折。从此，借助美国通用磨坊的强大资金实力和管理水平，“湾仔码头”走出了香港，开始全面走进中国内地这个广阔的市场。

从一个街边的小地摊，发展成为一个让13亿中国人都能吃到的国际品牌，“湾仔码头”的成功，除了靠臧健和个人的努力经营以外，与那一时期速冻水饺产品广阔的市场前景也有着密不可分的关系。与美国通用磨坊合资后不久，一位业内人士曾在《中外食品工业信息》上发表了一篇题为《速冻食品应加强品牌管理》的文章，文章中这样介绍了当时速冻食品在市场的情况：

"食品专家预测，未来10年中，世界速冻食品消费量将占全部食品的60%。我国现在全年速冻食品产量达220多万吨，估计到2000年速冻食品需求量达到850多万吨……国家统计局98中国城市居民消费形态调查表明，我国城市居民半数以上喜爱速冻食品，而在速冻食品中最受欢迎的是速冻饺子……大陆强势品牌还未有显现出来……新上市的湾仔码头，以其特色定位，风味也赢得了消费者的青睐。这种系列产品是由享誉香港的'水饺皇后'藏建和女士创制的香港名牌产品，它包括家馔水饺、家馔云吞、家馔汤圆三个系列。其水饺皮薄味佳，馅料实足，汤汁饱满；云吞皮薄幼滑，馅料新鲜，口感清爽；汤圆皮糯滑软，馅料细腻，香甜可口。三种产品均具有较高的品质。加之由实力雄厚的美国品食乐公司负责大陆市场的推广工作，更使该产品如虎添翼，大有抢滩北京冷食市场的势头。"

此时，臧健和是这样为"湾仔码头水饺"定位的：不但给13亿中国人做饺子吃，还可以做给世界各地的人吃，让全世界像认识美国汉堡包和意大利薄饼那样认识中国的"湾仔码头"水饺。

从无证小贩到“世界杰出女企业家”

励志箴言：把自己的兴趣变成事业，放大自己的想法，学会拒绝不合时宜的机遇，这些都是成功路上必须掌握的能力和技巧。

2000 年，臧健和在由美国 STAR 国际企业顾问公司举办的“世界杰出女企业家”选举中成功当选，作为从 33 个国家选出的 40 名得奖女企业家中的一员，于同年 4 月 9 日—12 日赴意大利威尼斯参加盛大的颁奖典礼。

该项评选于 1997 年举办了第一届，美国 STAR 国际企业顾问公司举办此项评选的目的，就是为了表扬世界各地企业界的杰出女性，以赞许她们对商界及社会经济的贡献，同时也想借机让她们成为年轻一代的人生榜样。由于意义重大，所以评审过程非常严谨，首先，大会评审委员会要先从世界各地 70 多个不同的单位接受提名，这些单位包括国际企业、妇女组织及政府机构，然后，评审委员会再根据各项程序进行严格、仔细的评选。而臧健和之所以能够在 2000 年获此殊荣，自然跟她所取得的有目共睹的成就密不可分。

从命运多舛的无证小贩，到身价数亿元的的“世界杰出女企业家”，臧健和的创业之路充满了传奇的色彩。但是，她能够取得成功，却并不是靠传奇，而是靠踏踏实实的努力和一点一点练就的商业智慧，当然，还有她在苦难命运的折磨下所练就的一种永不退缩、永远向前的精神。

另外，关于臧健和的成功，有三件事不得不提。

第一，坚持做自己最擅长的事。

谈到创业心得，臧健和曾说："不熟不做，不喜欢不做。"很简单的两句话，但蕴含的创业哲理却很深刻。

上世纪八九十年代是香港发展的黄金时期。那时在香港，几乎全民都在炒股、炒楼，也确实有许多人因此一夜暴富，其中不乏如今各行业的大亨们。那时候的臧健和刚刚创业不久，但也已经算小有成就，想要炒股炒楼，从资本上来说已经完全具有了实力。但是，面对这满地商机，臧健和的眼光却一直没有从水饺上面移开。而这正是臧健和事业成功的原因之一——做自己最擅长的事情。

当然，这并不是一种倔强的固执，而是臧健和在实践中感悟出来的智慧。当看到身边有许多人都因为炒股炒楼而一夜暴富时，臧健和并不是完全没有动心，毕竟跟辛辛苦苦卖水饺相比，利用金融和地产获得财富似乎更容易，更不费力。于是，她也决定试一试。

在那几年，臧健和买过一支股票，但最后却没赚到什么。这支股票买进的时候是 80 多港元，后来涨到 100 多港元，经纪人建议她抛售，可她却觉得应该还会再涨，所以决定再等一等。结果等来的却是这支股票的暴跌，因此赔了一大笔钱。从那之后，臧健和再也不买股票了，她觉得，自己对于股市的了解真的太少了，如果再盲目地买下去，只会越输越惨。

另外，她也尝试过炒楼，但是跟炒股比起来，成效似乎更差。臧健和第一次买楼是 1983 年，当时花了 30 万港元，住了 11 年之后，于 1994 年以 300 万港元卖出，算是赚了一笔。后来，1994 年她又买了一栋房子，当然要比之前那栋豪华了许多，当时花了 1500 万港元，到了 1997 年，这栋房子已经升到2500万港元，但由于各种原因她并没有出手，结果错过了好时机。此后很长一段时间，香港经济泡沫崩盘，楼市暴跌。

经过一番又一番尝试，终于让臧健和明白了，在自己不擅长的领域想要赚钱是很难的。而在卖水饺这方面，自己却是最在行的。所以，她下定决心，从此心无旁骛，一心一意只卖水饺，并把这当成自己终身的事业。正如她说的那样："渐渐地我就明白了，既然会包饺子，我就要把它当成我的终身事业……好多人都劝过我做其他生意，我说我就会包饺子。"

明确了自己的想法，并做出了选择之后，臧健和就不再有任何其他的想法，而是一心一意地只做水饺。正是因为这种选择，也让她在上世纪末香港金融风暴来临时毫发无损。后来在一次给香港大学生讲课的时候，臧健和告诉他们："要做自己擅长的事情，不要做自己不熟悉的东西。要做比较有把握的事情，但要敢担风险，前提是这样的风险是你能承担的。"

她的这种选择和坚持，最终让她有了收获。

第二，抓住机遇，放大自己的想法。

总结起来，臧健和的创业之路上，有三个方面被称为"奇迹"。第一，从女性小摊贩变成杰出企业家；第二，在没有花一分钱推广费的情况下，让"湾仔码头"水饺被大量顾客熟知；第三，在没有销售部的情况下，把"湾仔码头"水饺铺遍了香港的大街小巷。

其实，作为一种地道的北方食品，饺子虽然在南方并不多见，但却并非稀罕物；论名气，上海的小笼包在小吃中早已名声在外，有着响当当的地位；而论口味，许多小吃的口碑都要比"湾仔码头"更好；而论实力，许多小吃的发展早在臧健和做小贩之前就已经达到一定规模。

既然有许多小吃在发展时间的先后以及消费者中的口碑都要比"湾仔码头"更胜一筹，却为什么始终没有一家能够发展到"湾仔码头"的规模呢？以上海小笼包为例，其始创于清代同治年间，至今已有100多年的历史，口感及在消费者中的口碑都非常好，可以称得上是上海经典小吃中的佼佼者。可是，尽管如此，上海小笼包的发展与只有二十几年历史的"湾仔码头"相比却相去甚远。

对于很多经典小吃之所以没能发展起来的原因，臧健和有着自己的理解：

"第一，很多小吃是国营食品店的产物，不少员工甚至是管理层都是为了工作而工作，从来没有把它当成自己的产品来做，自然难以成功。我有时候都觉得，如果我没有去香港，而是一直在山东，恐怕就不会有'湾仔码头水饺'了。第二，现在有很多创业者用自己的手艺和资金在做，也有很好的产品，但是没有做到一定的规模，这里不仅有很多经营上的问题，更重要的是不少人缺乏大胆开拓的想法，满足于在自己的小窝里做，不敢往大里闯。"

大胆开拓，放大自己的想法，正是在这种经营思想的引导下，才使得臧健和把一个传统的中国小吃做到了让跨国公司"三顾茅庐"的地步，其远见卓识和精明的眼光由此可见一斑。

第三，学会拒绝。

许多小投资者刚刚起步创业的时候，对于创业成功的基础及方法大多都曾做过咨询，或是看一些所谓"专业"的书籍。从这些渠道得知的方法中，几乎都有这样一条：抓住一切机遇做大你的事业。这个道理本身并没有错，要成功确实需要有发现机遇和抓住机遇的眼光和能力。但是，却很少有人会教导这些创业的人，有时候，一些摆在眼前的机会看上去非常好，但是你还是要学会拒绝。因为，有些好机会的背后很可能藏着可怕的陷阱。臧健和就曾用自身的经历给这个商业规则加上了一个很精彩的注脚。

这个故事前面我们就已提到了。当时臧健和还在码头卖水饺，一家日商看中了她的水饺，提出与她合作，并承诺了许多优厚的条件。对于当时还是一个无牌照小贩的臧健和来说，能够成为有工厂、有品牌、有销路的老板，这当然是一种巨大的诱惑。但是，日商却提出了一个条件，那就是让她重新包装水饺，变成日本的商品。臧健和当然不能同意，她拒绝的理由也很明确：兔死狗烹。如果把配方交给日商，等于把自己的底牌亮给对方，那么就会让自己没有退路，最终被踢出局。“这种要求并非来自盲目自大，因为当时我看到，虽然我仍旧无牌无厂，可是‘湾仔码头’水饺的名气已经很响了，全香港都知道，每天有人排队来吃。美国人说可口可乐即使遭遇大火烧了全部工厂，凭一个商标和一个配方就能重新站起来，那么我现在已经有了商标和配方，离成功还会远吗？”

三次谈判，三次拒绝，最终，“湾仔码头”水饺的魅力和臧健和的坚持让日商作出了让步，“湾仔码头”的品牌得以保留。“这是我做出的最正确的选择之一。更重要的是我从中找到了信心，明白了身为小贩一样可以独立做大生意。”提起当初的这个坚持，臧健和如是说。

当然，她的坚持，终于有了回报。如今，“湾仔码头”的水饺早已不是路边摊的小吃，而已经成为在全世界许多大城市的超市、大卖场出售的包装精美的高档速冻食品。

“湾仔码头”成功的“三大秘诀”

励志箴言：任何人的成功都不是偶然，都是经过努力拼搏之后的必然。当然，每个人成功都有不同的秘诀，对于做食品的人来说，产品的质量就是最重要、最关键的秘诀。

成功“三大秘诀”

对于事业上取得的巨大成就，臧健和也有自己的一套理论。在接受某媒体采访时，臧健和曾主动谈到了“湾仔码头”成功的三大秘诀：

秘诀一：用“心”做出高价馅。

同样重量的“湾仔码头”水饺跟其他品牌水饺的价格相比要高出50%~60%，比如，一盒800克40只装的“湾仔码头”水饺在市场上要卖到20元，而同样重量的其他某些品牌的水饺在市场上只卖7~8元。这样一比较，似乎显得“湾仔码头”水饺有些贵了，但只要仔细核算一下成本就会知道，“湾仔码头”并不贵，即使相对来说比其他品牌的水饺要贵，也贵得很有道理。

用“心”做馅是“湾仔码头”一直秉承的原则。比如，“湾仔码头”在选用猪肉时从不选择白猪，因为白猪的生产周期短，肉质没有弹性。“湾仔码头”选用的都是黑猪或花猪，而且只用每只猪的前腿肉做馅料，以保证肉的鲜美和口感。而其他某些水饺生产商在采购猪肉时一般不会这样严谨，且不说黑猪白猪的区别，就说选用的肉也大多是一些碎肉（边角废肉）。从这一点来看，“湾仔码头”在猪肉的成本上就要比其他某些水饺生产商高出几倍。而在蔬菜的选用上，“湾仔码头”更是有着严格的规定。比如在选择韭菜时，一般都会在山东、河北等地采购，因为韭菜的生长不仅区域性明显，而且季节性很强，长江以北的要比南方的好吃。再比如白菜，为了确保口感，“湾仔码头”选择的都是山东胶州产的大白菜。同时，在“湾仔码头”许多品种的馅料里都要用到一种名叫“绿橄榄”的蔬菜，它可以让水饺的味道更醇美。但是“绿橄榄”的生长期只有一茬，产量很低，往往供不应求，所以工厂经常要从云南空运调货，由此使其成本从几角钱增加到了几元钱。在这一点上，其他水饺生产商也是很难企及的。

臧健和对馅料原料选择的苛刻，甚至曾使一位负责相关工作的厂长主动请辞。那时候，“湾仔码头”刚刚进入上海市场，可是由于上海特殊的地理环境，臧健和跑遍了上海周围所有的蔬菜基地，也没有找到满意的蔬菜。无奈之下，她只好委托某个蔬菜基地替她“种”蔬菜。经过努力，该蔬菜基地一共培育出了30多个品种的蔬菜。最后经过筛选，臧健和只选择了一个时期的蔬菜作为原料。这种要求近乎“苛刻”，终于有一位厂长承受不了压力选择了辞职。在辞职时他对臧健和说：“我力不从心，无能为力，唯有退位让贤。但是，我绝对没有怪您，因为我目前的确没有这个能力来达到您的要求，所以我愿意让比我更有能力和技术的人来帮助您。”十几年过去了，一直到现在，当初辞职的这位厂长仍然与臧健和保持着良好的朋友关系。

另外，“湾仔码头”水饺的面皮是不加任何添加剂的，麦子都是从加拿大进口的优质品种，然后通过先进的程序技术，使面皮完全达到了劲道的效果。

不仅仅是在面皮和馅料的材料选材上，"湾仔码头"争取做到最新鲜、最优质，在整个水饺的生产过程中，产品质量也是"湾仔码头"一直以来关注的重之中重。正如臧健和所说的那样："做食品的人，一定要做良心生意。"说到"湾仔码头"水饺的质量，里面有一个小故事不得不说。

有一次，臧健和到工厂车间去巡查。在巡查的过程中，她发现一位姓陈的师傅在生产过程中有些地方做得不符合操作流程，于是她立刻提醒陈师傅要遵守操作流程，认真包好每一个水饺。可是陈师傅听了这话却很不高兴，于是就反驳臧健和说："唉，臧姑娘，如果都像你要求的那样去做会累死人的！你想想看，你都已经这么出名了，有什么东西会卖不出去？你的东西这么好卖，天天供不应求，你为什么还要这么认真呢？我告诉你吧，还是随便做做算了！"这个陈师傅平时工作不认真就是出了名的，臧健和早有耳闻，但她对员工向来很宽容，从建造第一座工厂开始她就从来没有解雇过一名工人。所以，对这个陈师傅的不认真以往她也只是抱着勤于督促的原则，从没想过要解雇她。

可是这一次，当她听到陈师傅说出这一番话之后，真的非常痛心。在她看来，一个厨房师傅，不仅仅只是一个"湾仔码头"的员工而已，而是这个品牌的产品品质好坏的核心！如果所有的厨房师傅都像她一样"随便做"，那么"湾仔码头"将很可能会一败涂地！而且，一想到或许已经有许多"随便做"的水饺流入了市场，臧健和更是百感交集。所以，那一刻她做出了一个重要的决定——解雇这个陈师傅。她对陈师傅说："老陈，你是我在湾仔码头第一个听到讲'随便做'，也是最后一个讲'随便做'这句话的人。"

同时，她也对其他员工说："在这里工作的人一定要像臧姑娘一样一丝不苟！不能的话就跟着老陈到可以让你们'随便做'的地方去吧！否则，只要是在‘湾仔码头’一天，就要认真工作一天。”话完这番话，她已经满眼泪水。

这是臧健和第一次也是唯一一次解雇员工。这件事对所有员工起到了一个警示作用，从此再没有人“随便做”，全都是像臧健和一样认认真真、一丝不苟。而这也正是“湾仔码头”的产品品质一直保持最优质的原因所在。

秘诀二：保鲜有“秘方”。

一般来说，跟新鲜的食品相比，冷冻后食品的新鲜程度和口感都会大打折扣，所以冷冻食品在人们心目中的地位并不高，不过是填补方便食品空白的一种速食品而已。所以说，对于冷冻食品，人们追求的大多不是好吃，而是为了填饱肚子。但是，“湾仔码头”食品的新鲜程度却正在改变人们的这种看法。

在香港，“湾仔码头”的水饺产品卖的是鲜货，所谓“鲜货”就是保存在冷藏室里而未被冷冻的水饺。一般来说，这种新鲜水饺的保鲜期是4–5天。当然，要想保持水饺的新鲜，经销商必须具有严格的保鲜控制系统，保鲜柜的温度必须保持在0–8℃，最好是4–6℃。但是在内地，许多超市的保鲜能力还远远达不到这个水平，所以，“湾仔码头”在内地卖的水饺大多是冷冻货。

虽然是冷冻货，但是“湾仔码头”却有一种关键的配方，有了这个配方可以使冷冻的水饺煮出来像现包的一样具有新鲜的口感。当然，这种关键配方是严格保密的，一直到现在，除了臧健和和她的女儿，只有一位签了严格保密合同的合作方员工知道。

秘诀三：绝不做散装货。

跟盒装冷冻水饺比起来，散装水饺因减少了包装等环节而在价格上处于明显的优势。价格低廉，自然会受到许多消费者的欢迎。于是，许多水饺厂商都看到了这个商机，开始纷纷出售散装水饺，并获利可观。

即使散装水饺的利润丰厚，但臧健和却表示，“湾仔码头绝对不做散装水饺，即使它很有钱赚，因为散装水饺是可以糊弄人的。”在她看来，散装水饺在质量以及保质期等方面都是存在许多安全漏洞的。她认为，一种食品要在市场上销售，必须严格地包装，以确保清洁卫生，同时还必须在包装上标明产品的用料成分及其含量，最重要的是要打上生产日期和保质期。有了这些文字说明，消费者才会由此判断出食品的保鲜程度和安全性。但是，散装水饺却无法让消费者了解到这些必要的购买信息。甚至有的厂商同时生产销售袋装水饺和散装水饺，袋装的过期了，就倒出来当散装的卖，而消费者完全是被蒙在鼓里的，很可能习里糊涂地买了过期货。这样的商品轻则会影响食用的口感，严重的还有可能引发公共安全事件，后果不可谓不严重。

除了严谨的外包装以外，“湾仔码头”水饺产品的内包装同样很讲究。其他品牌的水饺基本都是将几十只水饺混在一个塑料袋里，而“湾仔码头”水饺却是每一只都放在一个特制的托里，相互间是隔开的。这样做的目的是为了解决刚包好的饺子可能融化的问题，确保饺子的新鲜。仅这一项，就使“湾仔码头”水饺的成本增加了一毛钱。尽管如此，臧健和却觉得在包装上下的这些功夫是很值得的。

臧健和在许多场合面对不同的创业者的咨询时，都会很恳切地告诉他们：在创业时一定要有一个真正属于自己的好产品，能够赢得顾客口碑的产品，要让顾客在你的小店里排队，只有有了这样的拳头产品，你才有可能创造更大的事业。而“湾仔码头”的成功正是因为有了这“三大秘诀”才能事半功倍，无往不利。臧健和用自己的创业经历，给创业者们上了非常生动的一课。

归纳以上三点，可以得出这样一个结论：“湾仔码头”水饺的成功，最根本的原因在于臧健和对产品质量的极致追求。

严把质量关，只做高端市场

说到臧健和对产品品质的严苛要求，不得不提在“湾仔码头”刚刚进入内地市场时发生的一些事情。当时，由于刚刚进入内地市场，所以当地职工对“湾仔码头”的品牌认识还不够深，对臧健和一直倡导的“认真”二字的认识也不足。在这种情况下，他们在工作中难免出现各种各样的问题，比如包出来的饺子大小不一，调出的馅料味道各不相同等等。为此，臧健和亲自到工厂一线去做培训，手把手地教，她包出来的饺子就像是机器包出来的一样规整。而在调馅时，肉要切成规定的大小，什么时候在肉馅中加水，要加几分钟，加水之后调成什么状态，什么时候加佐料，加几分钟，加多少，等等。看到她认真的模样，工人们开玩笑地说：“臧姑娘包饺子真像做高科技产品，那么多要求，一二三四，不能错一点，不能差一点。”可即使是在这样的严格要求下，仍然无法避免质量问题的出现。

1999 年，臧健和到上海工厂检查工作时，发现有许多即将出厂的水饺存在质量不合格的情况，于是她立即叫停生产。经过仔细检查，她决定将这些不合格的水饺全部销毁，这一决定立即在工厂内部引起极大争议，几乎所有人都对此表示不理解。当然，大家的不理解和反对也是有原因的。一来，当时速冻水饺在市场上是紧俏货，能够生产的正规厂家很少，所以产品根本不愁销路。而且，即使是这些不合格的产品也要比市场上的同类产品的质量好很多。所以，市场部的员工建议她不要太较真，否则造成的损失就有些大了。可是，臧健和想的却不是损失的问题，也不是简单的同市场上的其他产品相比，她在意的是“湾仔码头”作为一个国际品牌的声誉，是所有消费者对“湾仔码头”水饺的信心。所以，她绝不允许这些产品上市。

这时候，又有一些员工提出，既然上市销售不合适，那不如分给员工们当福利，也可以在很大程度上避免浪费。可是，对这一看似合理的建议臧健和再次拒绝了——一盒也不送。她解释说，自己并不是没有人情味，而是担心员工会把吃不完的饺子送给亲朋好友。这样一传十，十传百，很难保证“湾仔码头”水饺不会给大家质量留下不过关的印象，品牌如果砸了，损失将会更加巨大。最终，这一大批不合格水饺全部被销毁。

其实，类似此次因质量问题而销毁水饺的事件，在“湾仔码头”并不是个案。当看着一批一批水饺被销毁时，臧健和也很心疼，也会掉眼泪。但是，她觉得这样做值得，因为这样就可以让所有工人都明白，自己并不是只说不做，而是真的在一丝不苟、精益求精地在打造一件产品。她时常对员工说：“质量二字，我首先要的是质，其次才是量。有量无质，是种浪费。”

在国内速冻行业中，“湾仔码头”只做高端市场，价格相对其他品牌来说有些偏高。这便直接导致了“湾仔码头”在刚进入内地市场的前几年，一直处于亏损状态。作为品牌创始人，臧健和当然也有很大压力。她曾收到过许多朋友的来信，大家都说她的水饺很好吃，就是价格有些偏高。尽管如此，她并没有因此而降低价格来迎合市场。因为降低价格就意味着牺牲产品的品质，降低材料的档次，而这样做是不可能做出“湾仔码头”水饺的味道的。“食品界要有先行的企业、先行的人，我们要做就做行业的‘马’”。

而且，臧健和也很有信心，自己这种坚持高品质的策略，一定会有获得回报的那一天。世界上许多知名品牌都曾有过因价格而在最初亏损的先例，比如麦当劳当初在中国也是打拼了十年才实现了盈利。

臧健和手中的“利器”就是产品过硬的品质，拥有这个，就不愁等不到被市场接受的那一天。而这个“利器”当初在香港就已经帮助她创造了奇迹：不花一分钱的广告费用，就让“湾仔码头”的水饺卖遍了全香港。

面对“湾仔码头”的成功，国内许多其他品牌的厂商也纷纷把目光对准了高端市场。对此，臧健和的心度很平和，她欢迎大家都来做高端，但是一定要把产品做好，不能只顾眼前利益而坏掉整个市场。

臧健和对于产品品质的高追求，从水饺一直延伸到其他种类的产品上。早在 1999 年，臧健和就有了研发冷冻面条的想法，但是那时候由于技术原因，还不能把产品品质做到最好，所以这个想法一直搁置着，直至2006年，各项技术都成熟了之后才开始进入研发阶段。通过对世界各地面食的考察，“湾仔码头”共推出了三种口味的冷冻面条，一经上市，便立即受到追捧，供不应求。

当然，“湾仔码头”的创新产品在今后还会源源不断地被研发出来。但无论是老产品，还是有待研发的新产品，臧健和都会始终把产品的品质作为最重要的一点来坚持。正如她所说的那样：“毫无疑问，以后我们还会推出更多新品，但推之前会非常谨慎，也许我们研发了 1000 种新品，但是最终只推出一款，因为我们必须确保把最好的东西奉献给大家，推出一个，就得成功一个。”

时至今日，创业三十多年来，无论是路边摊贩时期，手工作坊时期，还是工业化生产时期，臧健和始终坚持把产品品质放在第一位。高端品质的执著坚持，让“湾仔码头”的销售业绩在国内市场熬过几年的市场培育期后，开始呈现出爆发式增长，成就了国内速冻食品高端品牌的市场传奇。

企业管理"四大关系学说"

励志箴言：管理与经营，是企业发展的两条并行线，缺一不可。而且从某种意义上来说，管理的重要性更大一些，因为现代企业的竞争，从根本意义上来说已经演变成人才的竞争，而行之有效的管理恰恰是留住和使用人才的关键所在。

当初在打工时不慎摔伤了腰骨，经过几番维权之后，酒楼老板终于服输，愿意把应得的工资和赔偿付给臧健和。但是，她却只拿了工资，而没要三万元的赔偿，因为她要的只是一个公道。之后，她又拒绝了香港政府给予的公援金。

随后，碍于现实生活所迫，臧健和不得不推着小车卖起水饺。但是，这个在迫于生存压力之下所做出的貌似有些逞强的选择，最终却改变了她的命运。用现在的眼光来看，臧健和当初的选择是无比正确的，但是，如果说她早在那时候就已经想到了日后的成功，那就有些夸张了。

能够把码头上的一个小推车变成一个小工厂，再把一个小工厂发展成为一个超级企业，臧健和的经营能力不得不令人佩服。但是，能够把一个企业经营得风生水起，不断发展，靠的当然不仅仅是领导者的经营能力，管理也是另外一个重要的方面。经营和管理，二者是密不可分的。而且，从某种意义上来说，企业管理在企业发展中的地位要更重要一些。因为现代企业的竞争，从很大程度上来说已经转变成人才的竞争，谁能获得人才，谁就有机会胜出。而要想留住人才、正确使用人才，就必须要有完善、科学、行之有效的管理方法了。

当“湾仔码头”一天天壮大起来之后，臧健和当然也早已洞悉了这个道理。在管理方面，她也颇有心得。她在“湾仔码头”的管理中一直实践着“四大关系学说”。在她的这“四大关系学说”中，如何对员工只是其中的一个方面，另外还包括如何对待产品、如何对待顾客以及如何对待社会。臧健和正是靠着这“四大关系学说”，才实现了高效的管理，并成就了“湾仔码头”的奇迹。

对员工：“亲善大使”说

无论是1985年刚开始建工厂时的几十名员工，还是如今发展到近两万名员工，“湾仔码头”的团队始终是一个整体，员工相互之间的关系相当密切。

在“湾仔码头”的管理中，臧健和始终认为对待员工要发自内心的去关怀和尊重，帮助他们解决工作中和生活中的实际问题。这样做，才能真正让员工感到，在“湾仔码头”是有安全感和归属感的。臧健和对员工们的关怀备至，让“湾仔码头”就像是一个温馨的大家庭。对此，臧健和这样说过：“没有人情味的公司，怎会有向心力的员工？没有向心力的员工，怎会有高质量的产品？”所以，她要求并希望“湾仔码头”的每个员工每天都能高高兴兴地来上班，心情愉快地开始工作，因为只有“愉快”的员工才能包出“快乐”和“爱心”的饺子。

另外，对于“湾仔码头”的售货员，臧健和也在实行着一种特殊的管理方法，那就是让售货员成为公司和顾客之间沟通的桥梁，成为“湾仔码头”水饺的亲善大使。因为售货员是直接面对顾客的“一线人员”，对于顾客的需求、意见和建议，她们总是能第一手掌握。然后，她们会把这些意见或建议回馈给“湾仔码头”，以此来帮助企业提高产品、服务等各方面的质量。

说到这种对待员工的管理方法，不得不提 1997 年与美国通用磨坊合作时的一件事情。作为全美国最大的一家食品企业，通用磨坊在寻找合作伙伴时当然有一套严谨的核查标准，如果达不到这一标准，是绝对无法成为其合作伙伴的。因此，在准备与“湾仔码头”合作之前，他们曾悄悄委派一个著名的顾问公司对“湾仔码头”的工厂进行相关的调查。在企业凝聚力以及员工团队协作方面，这家顾问公司在最终回馈给通用磨坊的调查报告中是这样写的：“做了 10 年的顾问公司，还没有碰到像臧姑娘和职工关系这样密切的公司。”勿须多言，简短的一句话就概括出了臧健和在员工管理方面的巨大成效。以点盖面，有了这样的一个员工团队，“湾仔码头”整体的实力自然不容小觑。或许，这也正是通用磨坊最终下定决心与“湾仔码头”合作并“三顾茅庐”的原因所在吧。

对产品："良心"说

前面我们已经提到了，创业至今将近三十年的时间，臧健和只开除过一名员工，原因正是因为产品的质量问题。对于臧健和来说，产品质量大于天，任何有悖于提高产品质量或有损于产品质量的行为都不容许发生，一旦发生，绝不姑息。

从另外一个细节上，也可以看出臧健和对于“湾仔码头”产品质量的重视程度，那就是绝不出售散装冷冻水饺。尽管散装市场的成本很低，利润很高，但是臧健和却坚决不踏入一步，因为她不愿意把没有质量保证的产品卖给顾客。为此，她曾说："我们包饺子给自己吃的时候没有任何压力，但当我们出去卖饺子，给顾客吃，给全香港的人吃，给全中国的人吃，我们身上的担子也越来越重。我们一定要记住，做食品生意的人一定要有做生意的良心。"这种对产品质量负责的精神感染着整个"湾仔码头"的团队，大家都在向她学习，而这也是"湾仔码头"产品质量能够保持上乘的关键所在。

对顾客："不能得罪"说

"顾客就是上帝"，这句话在任何一个行业里都称得上是至理名言。没有顾客，产品再好，企业也无法获得发展，这个道理无论是在码头做小贩时，还是在领导上万人的企业时，臧健和都始终装在心里。对此，她曾说："我能有今天这一步，固然与我当初的选择和坚韧的性格有关，但确实是顾客给我的最多，顾客是衣食父母这句话对衣食无忧的人来讲，只是一个要求，可我从当小贩起就体会到：顾客愿意吃你做的东西，你自己饭碗里也就有了吃的。我现在的饺子能被人接受，也是顾客的意见和建议促使我做了改良，否则我恐怕还是一个小贩。"

很多年前，当她还在湾仔码头当小贩的时候，有一次，有一位顾客在吃完水饺后把饺子皮留在了碗里。臧健和连忙追问原因，得到的回答是"饺子皮厚得像棉被"。面对这个批评，臧健和连夜就开始寻找解决的方法，经过不断的努力尝试终于擀出了薄厚适中的饺子皮。当然，故事到这里还没有结束。改良完饺子皮之后，臧健和一直希望那位顾客能再次光临她的饺子摊，好让他亲自感受一下自己的成果。在一天一天的等待中，她终于在人来人往的码头再次遇到了那位顾客，当他尝了改良饺子皮之后的饺子时，立刻连声赞叹："好吃，好吃！"从那之后，臧健和的饺子才真正得到香港人的认可。

而对于顾客的投诉，臧健和更是怀着感激的心态去面对的。在她看来，面对投诉拒不理睬、据理力争或是不承认错误甚至把顾客骂一顿，这些做法无疑都是做生意的大忌。她知道，那些肯花时间投诉的顾客才是真正爱护她的顾客，因为绝大多数顾客如果对产品感到不满意，都会抱着多一事不如少一事的态度，以后不再光顾便是，绝不会费心费力去提出意见和建议。当然，臧健和也并不是一开始就懂得这个道理，而是在经营中与投诉的顾客的沟通中悟出来的。在这里，有三位顾客的投诉对她的触动最大。

有一次，有一位顾客给臧健和写来一封信，信中说他买了五盒"湾仔码头"水饺，煮了两盒，结果饺子全部开了口。对这件事，臧健和十分重视，看过信之后她第一时间召开管理会议，寻找症结所在。经过调查了解后发现，原来工厂最近招了一批新工人，由于在岗位培训方面做得不够彻底，所以才导致他们发生了这种错误。了解原因之后，臧健和立刻责成相关管理人员用最短的时间解决员工培训不到位的问题，把问题消灭在了最小的范围之内。事后臧健和说，如果没有这位顾客的来信，她可能会继续被蒙在鼓里，想想后果，她都觉得心惊。

还有一次，臧健和收到另外一位顾客的来信，说他在饺子皮里吃出一条面粉袋子的残线，"不知道你的饺子什么时候长上线了，下次要再长针就麻烦了。"尽管这位顾各的言语很幽默，但是臧健和看到这却一点也笑不出来。从那之后，"湾仔码头"的工厂里又多了一条规则：面粉在使用之前，一定要经过筛箩过程，绝不能开袋即用。为此，臧健和特地购买了相关机器，以保证面粉的品质。

第三位顾客对臧健和的触动最大。这位顾客来信说，自己买的饺子，吃了之后觉得馅儿有点变味了，同时还提醒臧健一定要注意管理。自己买了变质的食品，还能提出这样中肯的建议，这样的顾客怎能不让臧健和感动。于是，她立即打电话给这位顾客道歉，并派人立即把变味的饺子换了回来，还详细向顾客了解具体是在哪家超市购买的。随后，她立即针对此事展开调查，很快得知饺子变质是由于堆放不善造成的，便立即派人将所有变质产品从超市换下。

“湾仔码头”的市场部，一直有一条顾客热线，专门处理门市顾客的反应和接听顾客的投诉电话。工作人员会把由此搜集到的信息进行分类处理，有关产品质量的就交给品质部，有关产品销售的就联络分销商。臧健和规定，所有问题必须在一个星期之内作出认真的研究和改善，并给顾客一个满意的答复。

“我可以得罪我的员工，但是我绝对不能得罪我的顾客。”这句话俨然已经成为臧健和的口头禅。所以，面对顾客提出来的一切要求、建议，臧健和会照单全收，并尽最大的努力去改正。在臧健和看来，事业和顾客的关系与子女和父母的关系十分类似。子女如果表现得好，就会得到父母的称赞和鼓励，而父母的这种做法反过来会促使孩子做得更好。臧健和深知，“湾仔码头”正是在顾客的各种鼓励中慢慢成长起来的，所以说，如果不能在顾客信赖、支持和关怀的基础上去搞好产品，她会认为这是对顾客最大的一种伤害。责任心由此而生。

对成功：“天时地利人和”说

与许多早已功成名就的企业家一样，臧健和从不标榜个人英雄主义，在她看来，“成功是每个人都向往的，然而要得到成功之神的眷顾，是和天时、地利、人和分不开的。”

“不管遇到新老客户，我都会和他们打招呼。我不觉得自己是在做生意，而是一种朋友间的相聚相逢。"

"世界上所有的品牌都不能单纯依靠广告的投放取得永久的成功。但是，几乎所有的品牌都要借助强大的广告作为支撑点。我可以很骄傲地说，我的产品不是靠做广告起家的名牌，而是伴随着顾客的口碑成长起来的。因为广告只是商家的行为意识，口碑才是顾客选择的市场原动力。"

"怕失败，不如说是怕成功。失败得越惨，激励人成功的力量越强。"

"一个女人，在困难中的态度和意志会影响孩子一辈子。作为母亲，千万要有一点精神。"

"生活就像爬山，今天我爬到了一半，但我并不满足，我并不认为我成功了，因为我的前面还有人，一个企业家永远不可以封顶。"

这是臧健和在接受某媒体采访时说过的几句话，虽然表面上看似寻常，但很显然，她已经把自己的成功与"天时、地利、人和"的关系交代得很清楚了。臧健和在告诉大家，成功的企业家并不是"神"，也只是普通人，只不过在他们的人生信条中，多了几样东西，比如坚持、乐观、自信、不屈不挠。

管理对于任何一个企业家来说，都并非易事，但是臧健和在"湾仔码头"却用活了她的"四大关系学说"。在这种管理理念的支撑下，即体现了臧健和的管理艺术，更重要的是，也在很大程度上促进了"湾仔码头"的发展。

情义无价，大爱无声

励志箴言：真正能够体会慈善正能量的人，就会明白这样一句话——施比受有福。所以，做慈善，更多时候是在帮助别人的同时，也成全了自己。

捐建内地慈善事业

在臧健和的人生中，爱从始至终都占据着举足轻重的分量。因为对女儿和母亲的爱，臧健和才有勇气直面人生的磨难，为她们扛起一片天；因为对社会和弱势群体的关爱，才使得臧健和在成功之后一直心系社会，从事慈善事业，以自己的力量，播种爱和希望。

臧健和是地道的山东人，虽然她如今住在香港，而且也是在香港开始创业并获得成功的，但是对家乡山东她却始终饱含着一片深情。因此，她给予家乡的回报也是最及时、最丰厚的。

早在2001年，青岛慈善总会成立时，臧健和就特地从香港飞回青岛，并捐助100万元，建立了以母亲的名字命名的“臧毓淑颐康老年公寓”。“我这样做是皆大欢喜：对政府算是帮了点忙，对老人们是尽了份孝心，对母亲我也有了交代，对自己是今后努力的方向。”同时，她希望她的这一举动能唤起无数爱心的觉醒，让更多的人加入到帮扶孤寡老人、残疾无助者的队伍中来。

臧健和与母亲的感情十分深厚。当年，她遭遇人生磨难，背景离乡来到香港，上无片瓦、下无立锥之地，生活的重担全都压在了她一个人身上。尽管如此艰难，她也从不把自己的苦难向远在青岛的老母亲诉说，她知道母亲知道后一定会为她担心，甚至会寝食难安。当时，她一天打三份工，“这第三份工是是给妈妈打的，因为我必须要每个月给妈妈有足够的钱，她才能相信我过得很好。”谁料，世上没有不透风的墙，后来，臧健和在香港做小贩的消息还是传到了家乡。亲戚朋友们都不相信她会去做小贩，她的同学甚至说：“健和能出去做小贩吗？健和能出去做小贩，我把头割下来当球给你们踢，当凳子给你们坐！”后来，臧健和回到青岛，证实了这个传言，那位同学惊呆了，甚至流下了眼泪。虽然大家都知道了，但这件事臧健和从始至终一直在瞒着母亲，就是怕她担心。

后来，直到在香港站稳了脚跟，有了自己的工厂和店铺，并买了房子之后，臧健和才把母亲接过来。母亲看到她生活过得这么好，特别开心。直到这时，臧健和才敢把自己这些年的经历告诉母亲。

母亲从小就教导臧健和要与人为善，臧健和始终未曾忘记。跟以往奉献完一样，这一次向青岛慈善总会捐建养老院之后，她也向母亲作了一次虔诚的祷告，希望母亲天之灵能够因为自己继承了她的善念而得到慰藉。

另外，对于故乡那些曾经帮助过自己的人，臧健和也始终没有忘记他们的恩情。成年之后，臧健和曾先后两次回到老家许孟镇仁里村。第一次是上世纪六十年代，作为下乡知识青岛回去的，而第二次回去已是三十年后。1996 年，臧健和再次回到那里，并对所有在那个特殊的年代曾对她有过帮助的人一一表达了诚挚的谢意。

当然，臧健和对社会的的回报还远不止于此。2008年10月，她再次出资100万元，在山东大学设立了教育基金，用于资助家庭经济困难的学生参加专业技能培训，帮助他们应对家庭及个人突发性重大事件。同月，她又通过慈善总会向青岛市中小学生捐赠了一批书籍，希望他们能够从书籍中获得精神食粮，汲取人生积极向上的力量。同年11月，她又向南京大学捐资10万元，支持“南京大学学生重症医疗救助基金”，帮助身患重症的困难学生获得及时有效的救治。

同时，臧健和的爱心脚步也踏上了大西北的土地。也是在2008年，“湾仔码头”便加入了建造“母亲水窖”的队伍，为陕西省吴堡县贾家山村和郭家腰山村修建了312口“湾仔码头母亲水窖”，帮助当地居民解决了饮水问题。时隔一年之后，2009年，“湾仔码头”再次捐建了562口“母亲水窖”，解决了陕西省定边县村民的饮水困难问题。

用另一种方式回馈香港人民

在家乡青岛以及内地许多地方不断从事慈善事业的同时，臧健和也始终没有忘记香港这片成就了她的土地。如今，每一次来到湾仔，她都感觉像看到故乡一样亲切。她更感谢香港人，感谢他们接受了她这个北方人做的水饺，帮助她成就了事业。为此，她曾说：“我要感谢很多人，我要感谢香港人，他们用热情告诉我，你要这样改良，这样改进，香港才会喜欢你的饺子。所以，湾仔码头今天这样成功，没有这样一批热情的香港人就成就不了这个品牌，也成就不了我。”

不过，因为香港整体经济发展程度很高，人民的生活水平也很高，社会保障制度也比较健全，所以，臧健和并没有像在内地做慈善一样进行一些捐助类的行为，而是变换了一种方式。

从做小贩时开始，臧健和就一直对每一位顾客心存感激。时至今日，她依然刻骨铭心地记着第一天出摊时给她以信任目光的那几个年轻人。2005年，面对中央电视台的镜头，她深情地回忆：

"我在想他们还记不记得有那样一个年轻的妇人带着两个孩子端来的那碗水饺，就是今天那么有名的'湾仔码头'水饺……十二年前就有报纸，香港的大报纸就在帮我做着寻人广告了，可是香港是一个移民城市，一个非常国际化的城市，所以香港的人的流动性很大，我直到现在还没找到他们……当年你们那时候说的一声'好好吃啊'，给我今后的事业是一个坚实的基础，让我非常有信心地走下去。"

所以，为了回馈香港那些"湾仔码头"的忠实老顾客，臧健和特意在"湾仔码头水饺"起步的地方开设了专卖店，长年以批发价销售水饺，"这些客人都是从我做小贩时培养起来的，对他们，我有一分情，一分义。"

在事业获得成功后，臧健和一直积极参与慈善事业，慷慨回报社会。她的善举焕发出温暖的光芒，照亮了自己，也照亮了更多的人。

做好事业，也是对社会的一种奉献

在臧健和看来，其实做慈善并不仅仅在于捐献了多少钱，盖了多少座学校，帮助了多少需要帮助的人，同时还有一种可以延伸的解读，那就是，把自己的事业做到最好。因为只有这样，才能让自己更有能力去帮助更多的人。

回顾自己的创业史，臧健和说她最佩服两位香港老人：一位是养和医院的老院长，另一位是邵逸夫老先生。养和医院的老院长在100多岁时，仍然坚持每天早上去医院巡查病房，这种敬业和亲力亲为的精神让臧健和十分感动。而对逊逸夫，臧健和更是佩服至极。在2006年的外交部酒会上，臧健和见到了邵逸夫老先生。当时，邵老已经98岁高龄，却仍然健步如飞，臧健和当时六十岁出头，可是跟在邵老后面却一直喘气，所以她自叹弗如。而且，当时邵老还在坚持管理公司。这两位老先生把工作当成终生事业的精神，让臧健和感到无比的钦佩和敬仰。她希望自己也能够像两位老先生一样，始终战斗在事业的第一线，把“湾仔码头”发展得更大、更强。

另外，食品安全也一直是臧健和比较关注的一个方面，她带领“湾仔码头”以身作则，始终抱着一种要为消费者生产出安全、健康的食品的理念。

臧健和曾这样说：“企业做大了，最终还是要回归社会。虽然我现在有了一些财富，但是并没有用来挥霍消费掉，而是考虑怎么样更好地为社会服务。这就是企业家应该承担的社会责任吧。”

家庭教育

两个女儿的成长过程，正是臧健和为了生存而努力拼搏的过程，但尽管是这样，她仍然没有疏忽对她们的教育。

臧健和常说：“道德传家深，富贵传家短。”所以，在教育孩子的时候，她认为要从两个方面入手。第一，家长自身要具有榜样的力量。家长的人生之路怎样走，对孩子来说就是一个启示，所以，只要你自己走得正、行的直，那么孩子也会向你学习，成为一个正直的人。第二，家长的引导很关键。在孩子成长的过程中，每一个阶段都要给他们不同的引导，这样持续引导下去，才会让孩子沿着正确的人生道路一直向前。

如今，两个女儿都已经长大成人，并且都从加拿大学成归来。大女儿如今是香港品食乐公司总经理，小女儿则是香港一家资讯科技公司的客户服务经理，两个女儿都可谓事业有成。

面对母亲，两个女儿分别有着不同的“评语”。大女儿是这样说的：“在工作上，她绝对是一个女强人那种性格的，女强人或者有点男人的那种性格。就是说，她要去做的时候、工作的时候，其他的东西都是放在次要的位置，就是说没有比工作更重要的。”小女儿是这样说的：“她是一个非常了不起的人，她不但是一个很好的妈妈，而且她还是个很好的爸爸！因为她是一个人做两个人的角色，我觉得她是一个非常了不起的人！”

在评价了母亲之后，两个女儿也同时为她送上了祝福：“最愿意的就是看到我妈妈很愉快很高兴，只要她喜欢的，那我们都会喜欢，她如果真的能找到一个会真心对她好，她也会很喜欢的人，那我当然是会替她非常高兴。其实，这一直是我们最大的心愿。可是……如果妈妈真的找不到的话呢，我们会一直在她身边的！”

两个女儿都如此优秀，如此贴心，这让臧健和感到十分骄傲和幸福。如今，她把更多的业余时间都留给了自己的小外孙女。对于第三代，臧健和也有着自己的教育方式。她认为，现在的孩子生活环境非常好，衣食无忧，但是却大多缺乏责任心。所以，她认为一定要从小就培养孩子的责任心。

小外孙女特别喜欢小狗，想养一只。在这之前，臧健和就告诉她，如果想养小狗，那么就要学会自己对它负责：每天自己给它喂食，还要打扫它的狗舍、粪便，而且每天还要抽出一定的时间带它出去玩。如果能够做到这些，才答应她养，小外孙女同意了。小狗带到家里之后，小外孙女果然做到了臧健和之前要求的那些，虽然有时候难免会偷偷懒，但大多数时候还是能够尽到一个合格小主人的职责的。臧健和看到自己的教育成果这样明显，感到十分欣慰。

在一次接受媒体采访时，记者问了臧健和这样一个问题：在您百年之后，您希望别人怎么评价臧健和？您希望自己的墓志铭上刻上哪些字？

臧健和的回答虽然简洁，但却充满一种朴实的情感，同时也概括了她的一生：在这里躺着的，是湾仔码头的创始人，是第一个让世界认识中国饺子的人。

卷五 一手地产，一手紫檀：华人女首富陈丽华的成功人生

地产是事业，紫檀是信仰

陈丽华从不否认，地产是她的致富之源，但她却深知自己绝非中国地产界的老大，正如她说的那样，“跟他们（李嘉诚、霍英东）比起来，我们只是零。”但是，在另外一个领域，她可以自信满满地给自己戴上“王冠”，她是名副其实的“中国紫檀之王”。在北京东四环，一座高大雄伟的“紫檀宫”矗立于此，它的主人正是陈丽华。

作为在祖国大陆投资了20多年地产的香港华人实业家，陈丽华早已是蜚声海内外的大富豪。但是，陈丽华的富有却不仅仅是因为拥有数百亿的资产，也不仅仅是因为拥有藏有无数价值连城的民族文化瑰宝的中国紫檀博物馆，而是缘自她超脱凡俗的儿女情怀，缘自她用情与爱谱写、用汗与泪浇注的生命的真实。

虽然拥有亿万资产，但陈丽华却不是一个纯粹的商人，因为她几乎把全部的精力和心血都奉献给了博大精深的中华民族文化，奉献给了热爱的紫檀家具，并在其中找到了自己的坐标。陈丽华对紫檀的痴迷缘于儿时家庭的影响，满族正黄旗的出身，让她自幼便与紫檀结下了不解之缘，从此一往情深。几十年来，陈丽华收藏、整理、制作了2000余件紫檀家具，并兴建了国内最大的紫檀博物馆。为了紫檀，花费巨资、耗费心血，她也无怨无悔，因为在她看来，紫檀家具承载着民族文化，做民族的东西比金钱珍贵。

从北京到香港，从香港回到北京。她的年华可以老去，可是岁月却早已融入了那些比生命更长久的紫檀艺术和爱之中。

就这样，一手地产，一手紫檀，陈丽华发现了财富之源，找到了人生真谛。

人物简介

陈丽华，女，1941 年出生于北京，满族，现任富华国际集团主席，中国紫檀博物馆馆长。系美国佐治亚州萨凡那艺术设计学院荣誉博士，并任第八、九、十、十一届全国政协委员及北京市政协委员、中华海外联谊会理事、中华工商联委员以及中国满学会终身名誉会长等职。

陈丽华的富华国际集团在北京拥有数家房地产企业，包括长安俱乐部、丽苑公寓等，总投资超过百亿元。2011 年，福布斯全球权势女性榜第 33 位；2012 年，福布斯全球权势女性榜第 79 位；2012 年，入选美国《时代》杂志 2012 年度最有影响力人物百强榜；2012 年，胡润百富榜以 340 亿首次跻身前十；2012 年 10 月 9 日，《2012 胡润房地产富豪榜》以财富 330 亿元排名第三；2012 年，福布斯中国富豪榜单，陈丽华家族以 176.4 亿元排第 17 位；2013 年，新财富中国富豪榜以 190 亿排名第二十名；2014 全球白手起家女富豪榜第一名。

长安街上的大手笔

励志箴言：高起点虽然并不一定代表着高成就，但是，高起点可以让人站得更高，看得更远，有更多、更大的机会获得成功。

天安门广场沿长安街向东500米，一座镶着蓝色玻璃幕墙的现代建筑傲然矗立在那里，“长安俱乐部”五个镏金大字高悬顶端。长安俱乐部毗邻紫禁城，卓越的地理位置以及高贵典雅的环境和尽善尽美的私人化服务，使其成为各界知名人士、企业家和越来越多的各国使节所推崇的宴会和会议地点。从1996年成立至今，长安俱乐部一直是中国顶级的会员制俱乐部。

雍容、华贵、大气的宫廷风格是长安俱乐部给人的第一印象。很多价值不菲的紫檀木的屏风、摆件等藏品也成了俱乐部里随处可见的风景。就在这一片金碧辉煌中，却隐藏着都市千金难求的宁静和温情。

作为京城四大顶级俱乐部之首，入驻长安俱乐部的门槛相当高。在创始之初，长安俱乐部的入会费就高达9000美元，如今已涨至2万美元。除入会费用之外，会员每年还需要再缴纳1500美元的年费。尽管费用昂贵，但为其买单者却大有人在。但长安俱乐部对会员并不是无限制招纳，会员达到规定人数后，将停止对外发售会籍卡。

长安俱乐部因拥有尊贵成功的会员们而闻名京城，俱乐部的第一届理事会主席为创建了民生银行的经叔平先生，理事会中的其他名誉理事也都是企业界响当当的显赫人物，其中包括长江实业有限公司董事长李嘉诚先生，世界国际有限公司董事长郑裕彤先生，新鸿基地产发展有限公司主席兼行政总裁郭炳湘先生等等，另外还包括其他很多跨国大公司的高层管理者。另外，俱乐部的会员们也都来自身份与财力较高的群体。俱乐部会员们的平均年龄集中在30至50岁之间，超过60%以上的人都具备100—200万元的年日常消费能力。

一直以来，长安俱乐部凭借其对品质和服务的坚持，在中国的富豪阶层拥有了非常高的声誉，成为中国私人会所的领跑者。当然，我们在这里要讲的重点并不是长安俱乐部，而是它的创建人——富华国际集团（以下简称富华集团）董事长陈丽华女士。

能够在寸土寸金的长安街上如此大手笔地建造一座顶级的私人会所，足可见陈丽华的财力与雄心。但对于陈丽华，外界却知之甚少。因此，当2003年福布斯《中国大陆100富豪榜》上出现了她的名字的时候，很多人都感到意外。在这份富豪榜单中，有1/4的人是借助地产发展起来的，陈丽华也不例外。

陈丽华此前的“名不见经传”，并不是因为她旗下的富华集团没有知名度，而是因为她一直以来处事低调，投资情况更是绝少主动曝光。长安俱乐部是她从香港转战内地投资的第一个地产项目，总投资4.5亿元。

那么，陈丽华这位略带神秘色彩的女富豪是怎么一步步发展起来的呢，她背后又有着怎样精彩的财富故事呢？

1941年，陈丽华出生于北京，因家境贫寒没读完高中就辍学了，迫于生计她开始从事家具修理生意。之所以选择这个行当，是因为自小对家具的由衷喜爱。虽然文化水平不高，但陈丽华却颇具生意头脑，加之诚实守信，于是很快就成立了自己的家具厂。

在家具行业打拼十几年之后，陈丽华赚到了一些原始资金，并建立了一些人脉。但是，陈丽华的原始积累并不是在家具行业完成的，而是跟这个行业毫无关系的地产行业。1982年，陈丽华移居香港，通过人脉开始从事房地产投资，并在这里完了了原始资金的积累。她的第一桶金来自比华利的12栋别墅，低买高卖之后，获利甚丰。在这期间，陈丽华同时在做一些国际贸易方面的生意。

上世纪八十年代后期，陈丽华的眼光再次有了调整，决定重新返回北京，因为国内发展良好的经济势头让她看到了巨大的商机，她笃信自己的事业在内地一定能再上一层楼。就这样，她毅然返回北京。而这次选择，也在无形中让她躲过了90年代席卷整个亚洲的金融风暴，当时香港是这场金融风暴的“重灾区”。对于香港的大部分地产商而言，那场金融风暴绝对是一场灾难，风暴过后，他们的财产最严重的几乎损失了2/3。而由于在金融风暴来临之前已经转战内地，所以陈丽华的富华集团基本毫发无损。

从香港撤离之后，陈丽华并没有立即将资金投入北京，而是开始在澳洲和东南亚诸国遍设分公司，频频参与当地的地产投资，而且获益甚丰。如今回忆起当初撤资香港的决定，她说做生意要有眼光，站得高才能看得远。

转战内地之后，陈丽华继续沿用此前的策略，稳扎稳打，步步为营，绝不贪大求多。不过，在刚回到北京的时候，她的地产投资在最初一段时期却也并不稳健。刚回到北京时，陈丽华就拿到了长安街上的一块地，当时她就想投建一个高档俱乐部。可是很多朋友都劝她说，这件事情没那么容易，凭她当时的实力很难办到。因为，她没有成功的经验可参考，该怎么做，速度怎么控制，要做到什么标准，这些都是未知数。而且，这不是一般的项目，资金高达数亿元，稍有差池就很可能会造成无法挽回的损失。

果然，这些都成了问题。当初，陈丽华之所以拿下长安街上的这块地，主要考虑的就是这里的价值，可是却忽略了这块地的“特殊性”，造成了对施工的难度预料不周。

陈丽华拿到这块地时，正值北京筹备亚运会期间，亚运会开幕之前无法开工，可是等到亚运会结束一年多之后，开工的手续仍然没有办下来。时间拖了这么久，陈丽华也感到了犹豫。这是她转战内地的第一个项目，而且投入巨大，所以压力自然也非常大。但是，最终她坚持了下来，下决心一定把这件事情做好，绝不能失信于人。

最终，陈丽华终于等到了盼望已久的开工通知，至今她还记得那天的情景：“最后我看手续办成了，夜里 11 点多，我自己晚上带着 4 辆汽车的人开始干，我拿着铁锹，就开始铲，铲了半车，把我冷的。后来（当时的）张百发副市长也来了。这件事让我在房地产学了很多耐力，不能是我的资金就什么都不顾。每件事都要按政府的要求，要不咱就别干。这一课我时刻都不能忘记。”

就这样，经过一波三折，在拿到长安街这块地的第四年，长安俱乐部终于破土动工。一年之后，俱乐部交付使用。正当陈丽华想要松一口气的时候，却没料到，另外一道难题即将摆在她的眼前。

投建之初，陈丽华就给长安俱乐部定好了位——做京城顶级的俱乐部。因此，在装修问题上，陈丽华认为自然是越豪华越好，可是装修完之后却遇到了麻烦。顶级的会所自然要有顶级的会所管理公司来管理，于是，陈丽华与美国著名的会所管理公司 CCA 签订了管理合约。但是，合约签好后，CCA 却对长安俱乐部的装修予以全盘否定。这件事让陈丽华当相苦恼，如果拆掉已完成的装修，无疑会造成巨大的损失，但如果不拆，则会影响会所的整体质量和品位。最终，陈丽华选择了承受短期的伤痛和损失，她相信，从长远的角度来看，现在的损失一定会换来将来的成功。

最终，事实正如陈丽华预想的那样，按照CCA的建议重新装修之后，长安俱乐部的档次和品位得到了明显的提升。即使在十几年后的今天，长安俱乐部依然是京城众多高档会所中的佼佼者，依旧是财富和地位的象征。而这一切，无不归功于陈丽华当年的眼光和决断。

后来，当回忆起拆除装修这件事的时候，陈丽华曾这样说："你就得舍。能舍就能得，你要不能舍，就不能得。舍得、舍得，这两个字是不能分开的。"道理虽简单，但寓意深刻。

长安俱乐部成功之后，陈丽华又相继在王府井周边陆续拿到了一系列令人艳羡的项目。几年时间里，先后投资5亿元兴建了丽苑公寓，投资20亿元建设了利山大厦，又在东部建造了56万平方米的富华园小区。这几个项目完成之后，富华集团的固定资产已经超过50亿元，已建成使用、已开工和准备开工的项目总面积超过130万平方米，投资总额超过100亿元。

经过近20年的打拼，富华集团的发展势头越来越猛，陈丽华的财富雪球也越滚越大。不过，她并没有把资金全部放在地产里，而是开始了多元化的投资实战，除地产外，还开始不断涉及高级会所、高档公寓、物业管理、酒店管理等与地产直接相关的领域，同时也开始介入旅游、商贸、网络信息、航空服务等领域，而且各领域都发展得相当不错，势头强劲。

打通金宝街，救活王府井

励志箴言：如果把企业发展与民生问题结合在一起来考虑，那么最终获得的就不仅仅是经济上的利益，还会有政府的支持和人民的信赖。

当然，在发展这些副业的同时，陈丽华对主业也投入了更多精力。集团相继在澳洲及东南亚等地设立分公司，在国内发展势头也很迅猛，相继在大连、深圳、秦皇岛等城市进行地产投资，但北京始终是投资的重点。继长安俱乐部、丽苑公寓、利山大厦以及富华园小区等项目建成后，在毗邻长安街的一条街上，陈丽华又投入了一次大手笔，再次创造了一个传奇。

这一次，陈丽华把目光对准了离长安街不过千米的金宝街。在1998年之前，王府井上根本没有金宝街这个名字，那里只是一片居民区。1998年，为了缓解王府井地区交通拥堵的问题以及对道路两侧的危房进行改造，北京市政府开始对这一项目进行公开招标，并将这一工程作为北京市第三批赴港招商项目到香港进行招标。

生在北京，长在北京，而且在北京实现了自己的创业梦想，陈丽华对这座古都的深厚情感毋庸置疑，因此她对继承中国民族传统文化的投资项目也有着特别的兴趣。当了解金宝街项目之后，陈丽华立即决定进行投标，并最终拿下了金宝街西段从金鱼胡同东口至朝内南小街的开发权，全长730米。

经过核算，要将这一项目全部建成，总计要投入60亿元，这可绝对又是陈丽华的一次大手笔。其实，当时正值1997年亚洲经济危机刚刚过去的时候，香港的经济正在整体下滑，内地的经济也受到了不小的影响。虽然富华集团在经济危机中没有损失，但整体经济的下滑和房价的下滑，也注定了集团拿下这个大项目必定会承担巨大的风险。

不过，陈丽华并没有因此退缩，因为她深知，危机有时候就意味着机会。在投建长安俱乐部时她就发现，当时的北京很少有的写字楼，所有的写字楼企业基本都在酒店里办公。作为中国的首都，北京在商务办公和商务社交场所方面亟待提升一个档次，陈丽华看准的正是这个机会。因为打通金宝街，不仅可以帮助政府有效地解决王府井地区拥挤的交通问题，同时还可以通过商业开发改造道路两侧的市政危房，解决了居民住房的困难，而对于开发商来说，富华集团可以优先得到道路两旁的开发权。正如集团总裁赵勇说的那样："政府一分钱没花把路修了，居民住房条件改善了，我得到了项目开发的支持。"

经过近两年的前期准备，金宝街"市政带危改"工程于2000年12月26日正式开工。2001年初，金鱼胡同东口至朝内南小街段金宝街通车；2002年，金鱼胡同东口至东二环全段通车。2003年，华丽大厦率先完工。紧接着，诸多国内知名企业开始陆续入驻其中，奥美广告率先将整个集团都搬进这里。随后，佳能亚洲、佳能中国、柯尼卡、金融投资公司等也相继进驻。此外，诸多国际知名品牌也相中了这块"宝地"，纷纷入驻，其中包括法拉利、劳斯莱斯、马莎拉蒂、兰博基尼等国际顶级汽车品牌，还包括法国宝诗龙、意大利宝格丽、GUCCI等国际顶级企业。

建成的金宝街打通了王府井商圈，成为连接东二环建国门和王府井商圈的一条经济大动脉，也成为连通王府井与CBP的纽带。它以"两横两纵"

的商业格局，即以东方广场、金宝街为“两横”，以王府井北大街、东单银街为“两纵”，改写了王府井的商业历史。

巨大的工程，巨额的投入，金宝街工程无疑承载着政府与居民以及富华集团的共同利益。但是这项利国、利民又有利于集团利益的工程的建设却并不顺利，在开工之初就遭遇了重重困难。众所周知，拆迁中对于文物的保护和拆迁户的利益保证是是危改的两大难题，如果不能妥善解决，不仅会影响集团的形象，更会让项目的运作受到阻碍。因此，对于这两个问题，富华集团一直严谨以待。为保证居民的利益，在拆迁过程中，富华集团对拆迁方案进行了多次修改，斥资1000多万将原住户迁出，同时针对名人故居制定原地保护的修缮实施方案，耗资达数千万元。但即使是这样，富华集团也未能躲过危机。

在项目开工后不久，就有媒体“揭露”，因这项工程，坐落在工程区域内的著名教育学家、曾任北京大学校长的蔡元培先生故居被拆毁。此消息一出，陈丽华随即遭到各界质问。陈丽华看到这篇报道后也非常吃惊，因为这篇报道中所说的“事实”根本是伪造的。作为一个一直致力于保护、弘扬祖国传统文化和祖国的文物宝藏的企业家，每当看到媒体上报道有些地方不爱护祖国的传统文化、不保护文物古迹，陈丽华就会气愤难耐，有时甚至睡不着觉。所以说，对文物古迹她要保护还来不及，怎么可能去拆毁？不仅如此，其实早在开工建设之前，陈丽华就已经想好了保护该地段名人故居的方法：“早就想好了，蔡元培故居是金宝街的亮点，我们要把故居按照原样，重新整修，并收集蔡先生的遗物和著作，开辟成一个蔡先生的博物馆，并请北京大学的师生和各界群众来这里研究蔡元培先生的事迹。我还要把北京所有古建筑用紫檀复制出来，以传后人。”

陈丽华是这样设想的，当然也是这样做的，这一点，时任东城区文委主任的刘景弟可以为她作证：“当时对于蔡元培故居等有价值的文物保护，我们的态度是很坚决的，但开发商（富华集团）也很积极地配合我们的工作。比如，拆迁中涉及到位于红星胡同57号的一个欧式近代小楼并不是文物，但开发商和我们也拟订了保护和修缮方案，此费用都是开发商拿的。可见，开发商对具有保留价值建筑的保护真是不计成本地予以保护。”

经过了这一波折，外界彻底消除了对陈丽华和富华集团的误会，同时开始对陈丽华褒奖不断。对此，陈丽华表示，投资这个项目，集团利益是一个原因，但更大的原因在于自己作为一个企业家对国家、对人民的一种回报。正如她说的那样：“政府想修路，想改善居民的生活，但资金紧张。我热爱北京热爱祖国，所以，有北京市的支持，有国家大好的形势，我愿意投巨资完成这项北京几代人的心愿。不管在建设过程中，出现什么情况，我对祖国的信心对北京的信心不会改变。我对祖国传统文化的支持和热爱不会改变。”

金宝街的开发建设，不仅是对北京市东城区王府井地区的贡献，也是对整个北京的贡献，乃至在国内外都产生了长远的影响，绝对称得是一项利国利民、可以载入北京市当代史史册的爱国工程。

在投资商业建设的同时，陈丽华对教育产业、医疗事业的投资建设也不甘于后。同样是在1998年，陈丽华还有一次大手笔的投入，即与北京市朝阳区金盏乡达成协议，计划在那里投资兴建大学城，投资额高达几十亿元。这一项目在2009年建成投入使用。

经过二十多年的发展，富华集团已经成为国内顶级商业集团。纵观陈丽华的创富人生，可以发现，她的成功与资本运作毫无关系，靠的就是自身坚持不懈的追求，实打实的苦拼，以及高瞻远瞩的投资眼光。她的成功，可以说是中国早期本土企业家的一个缩影：他们大多不是资本运作的高手，也很少通过上市融资来重塑金身，但他们却拥有高超的投资眼光、巨大的商业才能以及不屈不挠的创业精神。

情系紫檀，一生为伴

励志箴言：有时候，真正的成功，并不仅仅意味着在经济上获得多大的成就，而是意味着在自己心之所系的领域有所建树，同时愿意为获得这种建树牺牲许多东西，比如时间、金钱。

富华集团为陈丽华一手打造，发展到今天这样的规模，她自然居功至伟。但是，这位地产女强人并没有贪恋权力，而是在很早之前就把集团交给了儿子赵勇来打理。当然，并不是她对事业没有追求，没有野心，而是因为对紫檀的热爱和投资对她来说更重要，那里才是她真正心之所系的地方。

从这个角度来看，尽管陈丽华坐拥亿万资产，但她却算不上一个纯粹的商人，因为她把全部的精力和心血都奉献给了博大精深的紫檀文化，并在其中找到了人生的真正方向。所以说，陈丽华的创业人生应该一分为二：一为地产，一为紫檀。

俗话说："盛世的古董，乱世的黄金。"一般来说，太平盛世，创业致富之后许多人都开始投资古董，一为彰显品位，二为利益驱使。但陈丽华对紫檀的情有独衷却并不是在发家之后，这种追求或者说这种理想，早在幼年时就在她的心里打下了烙印。

虽然自幼家境贫寒，但陈丽华却是一位不折不扣的皇族后裔。她是满洲正黄旗出身，那拉氏的后裔。这样的家庭背景，虽然让她的成长过程历程坎坷与苦难，却也让她在很小的时候就接触了紫檀。陈丽华记得，那时候家里摆着许多祖上传下来的紫檀和黄花梨的家具，有架子床、顶竖柜、官帽椅、大画案、大插屏等等。小时候的陈丽华虽然不懂得这些家具的宝贵之处，但是它们那典雅凝重的造型，寓意吉祥的图案，以及木材本身细腻的纹路和淡淡的清香，都让她十分喜欢。父亲告诉她，这些家具都是宝贝，还给她讲了许多关于这些家具的来历故事以及保养方面的知识。父亲的讲解，让本就对这些家具就很感兴趣的陈丽华，从此深深着了迷，最终成为了一生的追求。

“文革”开始之后，为撇清“嫌疑”，陈丽华的奶奶和母亲烧掉了家里的旗谱。虽然烧掉了族谱，但满屋子的紫檀家具依然会暴露家人的身份。可是如果全部上交或拆毁，又舍不得，这可是老祖宗留下来的传家宝。最后，奶奶和母亲想到了一个折衷的办法：一部分上交，一部分拆掉，一部分偷偷埋了起来。

“四人帮”被打倒后，陈丽华把当初埋在土里的紫檀家具挖了出来。这时候，她惊奇地发现，这些家具竟然基本没什么损坏。于是她将这些家具又擦又晾，并找来木工将一些破损的小地方修补了起来。修补好自家的紫檀家具之后，陈丽华又开始收购旧的紫檀家具，然后大改小，旧翻新。这时候，自幼便潜藏在陈丽华心底的那种对紫檀的情结一点点扩散开来。从那之后，她找到了奋斗的方向——做紫檀家具生意。就这样，陈丽华在不知不觉中向日后的“中国紫檀之王”之路迈出了第一步。

最初做紫檀家具生意的时候，陈丽华是在城西自己的私宅里开始的，后来，生意多了一些，陈丽华在王府井的一个小院子里有了自己的紫檀车间。再后来，活越来越多，越做越大，院子里的小车间已经远远不能满足生产需要了，于是陈丽华不得不向外拓展。这时候，陈丽华已经在香港炒地产发了家，于是她开始从全国各地招聘能工巧匠，并创建了全国第一家专门生产以紫檀家具为主的仿宫廷高档家具企业——北京富华家具企业有限公司。

从香港转战内地，并在京城进行了一系列大手笔的投资之后，陈丽华在地产事业上可谓功成名就。与此同时，她也一直没有放弃对紫檀产业的投入和热情。

在北京投资的港商，除去李嘉诚和霍英东两位之外，规模最大的就是陈丽华了。但是，在长达十几年的时间里，跟前两位比起来，陈丽华的知名度可以说几乎为“零”。很多人都知道长安俱乐部，知道利山大厦，但却并不知道打造这些顶级地产的人正是陈丽华。她之所以长时间以来一直“默默无闻”，是因为她刻意的低调，而她低调的原因，从很大程度上来说正是因为对紫檀的痴迷。从28岁开始做紫檀家具，在这之后的几十年里陈丽华一直很少参加社交活动，她把地产之外的所有业余时间都奉献给了紫檀。

紫檀木产于南太平洋诸岛，是存世木料中最贵重的一种，其质地坚硬而富弹性，色泽赤而显尊贵，纹理致密而享富丽，经打蜡磨光，无需漆油木质表面即可呈现出艳艳的缎子般光泽。紫檀木数量稀少，生长缓慢，非数百年不能成材，且十檀九空，出材率仅为20%。明朝末年，地球上的成材紫檀木被采伐殆尽。转眼经过三百多年的生息，当年的小树才得以长成，但存世数量依然十分稀少。

为了找到紫檀原料，陈丽华曾先后数次携重金远赴北回归线以南的热带雨林地区，查访紫檀的生长环境和木质属性，并收集檀木基料。当地的气温常年在40℃，每一次陈丽华都要顶着巨大的热浪，穿行于野兽出没、蟒蛇肆虐的原始森林，危险重重。有一次，她们一行人突遭热带毒蜂袭击，幸亏及时躲进密封的汽车里才得以躲过劫难。“我们只要一听说哪儿有紫檀，就立即出发。我和年轻人一样，坐在车里又唱又说，好像没怎么就回来了。回来就有成绩。”回忆起几度死里逃生的情景时，陈丽华从不会有什么怨言，也从不言后悔，只会轻描淡写地一句话带过。之所以没有怨言，之所以不后悔，是因为这是她人生的追求，是她梦想得以实现的必经之路。

陈丽华对紫檀的痴迷还表现在对紫檀的制作工艺和工序的严苛要求上。紫檀制作的工序十分复杂，从采料、造型，到刻、雕、磨、打，她都要直接参与。跟那些身怀绝技的能工巧匠相比，陈丽华的技术只能算是“半路出家”，但是她的刻苦却是很多人都不能比的，手上磨出的老茧可以为她作证。刻苦之后的回报是丰厚的，虽然是“半路出家”，但她的技艺却逐渐达到了“家”的程度。在她的紫檀宫里，有两张架子床就是她亲手设计制作的，造型既不失古家具的韵味，又融入了新时代的特色。所以，在家具公司里，陈丽华既是老板，也是许多新入行工人的“老师”。

陈丽华对紫檀家具的保护和再开发，得到了中央有关领导和社会各方面的支持。故宫博物院甚至破例为她从上万件国宝级家具器物中挑选出集中反映中华传统文化的近500个品种的样式，供她的家具公司仿制，并派出专家亲临指导。正如陈丽华所说：“我的老师就是故宫。”

北京富华家具企业有限公司是目前世界上规模最大的紫檀木家具生产厂家，全世界成材的紫檀木料大部分已汇集其门下，其紫檀木家具及艺术品的拥有量，除中国故宫博物院以外无以与之相比。

陈丽华对紫檀的追求，已经远远超过了喜爱的程度，而是延伸到了对古典家具文化的传承的高度。陈丽华之所以对古典家具有着一种特殊的情感，不仅来自幼家庭的熏陶，更重要的原因在于她深谙这些家具中所蕴含的传统文化，这种价值无限大的。

1994年，一张来自18世纪中国的桌子在纽约索思比拍卖行以3545万美元成交，堪称世界上最贵的家具。美国堪萨斯城纳尔逊·阿特金斯博物馆馆长马克·威尔逊曾说："西方人早于中国人发现中国家具的价值。"从那之后，许多来自全世界的收藏商纷纷不惜巨资，千里迢迢到中国来收购古典家具。但陈丽华发现，作为这些古典家具的拥有者，我们自己却并没有意识到这些家具的实际价值，很多都廉价处理给外国来的收藏商，致使这些文化珍品流落异国他乡。看到这些情意，让她着实感到痛心。因此，她如此执着于紫檀，有很大一部分原因是她不愿再看到国人对这些珍品的漠视，她想用自己的能力来挽救这些文化珍品，并唤起所有国人对它们的保护和重视。

另外，陈丽华也知道，对古典家具的保护和传承绝不能仅仅局限在修缮和制作方面，把它们展示出来，让更多的人看到它们，发现它们，这才是对它们最大的尊重。

1990年，北京即将举办第11届亚运会，这是中国改革开放以来第一次举行规模重大的国际赛事，政府以及社会各界乃至全世界的都对此充满了关注。作为香港同胞，陈丽华非常想借机表达一下自己对祖国的心意，而她的心意就是向北京亚运会捐赠了一座红木紫檀雕屏风，木料为老料，做工虽新却是按故宫的规矩制作而成的。如此巨大的一份"心意"，让亚运会组委会的领导都感到十分惊讶，甚至不太敢相信。于是，他们请来了故宫博物院的单士元和朱家溍两位国宝鉴定大师前往考察。二老最初也不太相信："在那个年代，还会有民间做的家具敢跟故宫比？"可当他们看过陈丽华的家具后，不禁大为震撼，并紧紧握着陈丽华的手说："真是藏龙卧虎之地呀。"

时隔五年，1995年联合国第四届世界妇女大会在北京召开，这是新中国成立以来举办最大的一次国际会议。作为全国妇联港澳籍理事，陈丽华再次决定要为大会作些贡献。这一次，她捐出了一座36条红木雕龙屏风，同时她还邀请来自世界各地的妇女姐妹们去参观自己的家具厂，了解中国传统宫廷家具的制作，了解中国传统文化。

1997年将近，香港即将回归祖国怀抱。这一次，陈丽华在自己十几年精心制作的紫檀家具中挑选出一部分精品，在北京举办了“百件紫檀精品展”，展期长达两年。在这些精品家具中，最引人注目的是一幅紫檀雕“清明上河图”。整幅雕刻由12块紫檀大插屏将整幅画全部表现了出来，首尾相连全长20多米，人物、河流、房屋活灵活现，堪称绝品。

这次展览不仅举得了圆满成功，获得了来自世界各地的人的认可和赞叹，同时也为陈丽华带来了一次对外交流的机会。

1998年，几位来自美国萨凡那艺术设计学院的客人找到了陈丽华。当时他们是在上海参加一个会议，路过北京时听朋友说起有这样一个展览，于是就抽时间过来进行了参观。作为艺术学院的院长，葆拉本就对艺术情有独衷，当她看到展厅里美仑美奂的紫檀家具后，一下子就被吸引了。见到陈丽华之后，葆拉院长立即向她提出申请，希望学院可以跟陈丽华的紫檀家具公司建立合作关系，并邀请陈丽华于1999年5月访问美国，参加萨凡那艺术设计学院建院20周年庆典。同时，葆拉院长还决定向学院董事会提出申请，批准授予陈丽华“萨凡那艺术设计学院荣誉人文博士学位”。

自从与陈丽华建立联系后，萨凡那艺术设计学院一直不断地与她加强交流，他们被陈丽华所从事的艺术活动深深吸引，迫切希望能将中国的木雕艺术引到美国。他们的想法和陈丽华可谓不谋而合，多年来，陈丽华心底也一直希望自己能够跟世界上最好的艺术学院合作，然后在中国办一所相关的艺术院校。这样，既可以将自己多年来从事紫檀木雕艺术的经验体会传授下去，吸纳拥有中国传统艺术的人才来此教授艺术，从而使这项传统的艺术被挽救和发扬。同时，还可以引进世界先进的办学模式和技术，将外国美好的艺术文化和东方艺术文化相结合，为祖国艺术的发展、艺术人才的培养尽一份力量。

就这样，陈丽华应邀于1999年5月来到美国，参加了萨凡那艺术设计学院的建院庆典，同时接受了学院授予她的荣誉人文博士学位。在庆典当天的5月25日，萨凡那市长当众宣布：5月25日为萨凡那市“陈丽华博士日”。致辞时，陈丽华说：“这个荣誉不仅仅是我个人的，也是我的家庭的，更是我的祖国的。我希望中美友谊和文化交流不断发展壮大。”

获得荣誉的同时，陈丽华不忘使命。在参加萨凡那学院的董事会时，陈丽华向学院提出了设立萨凡那中国分校的建议。她详细讲解了自己要为中国培养人才、加强中美艺术交流的心情。董事们对她提出的方案表现出很大兴趣。最终，在陈丽华的多方努力下，萨凡那艺术学院香港分校于2009年正式成立。

在这次美国之行的四个月之后，陈丽华耗费巨资打造的又一个奇迹即将呈现在世人面前。

中国紫檀博物馆

励志箴言：热爱一项事业，就要最大程度地投入精力和热情，这样才会取得更大的成就。这种成功不一定是世俗意义上的功成名就，更多时候是心灵上的寄托。痴迷紫檀，所以为紫檀建造一座博物馆，正是为了追求这种“另类”的成功。

在北京城的正东，过东四环不远的京通高速路旁，一座宫殿般的建筑气势恢宏地静静矗立着，门上赫然写着七个大字——中国紫檀博物馆。这座以“中国”开头的博物馆是的主人正是陈丽华，而她也因此成为了中国第一位产权到位的博物馆馆长。对此，陈丽华说：“我建这个博物馆，国家给了我很大的支持，虽然建馆是个人行为，但它能够成为‘中国’的博物馆，其中更兼有一个时期、一种形态的明显标志。由此，我们可以感觉到中国改革开放与市场机制正在逐步改变着越来越多的陈规和定式，至少是一种迹象。”中国紫檀博物馆是中国首家规模最大，集收藏研究、陈列展示紫檀艺术，鉴赏中国传统古典家具的专题类民办（私立）博物馆，填补了中国博物馆界的一项空白。

中国紫檀博物馆是北京市政府向建国 50 周年的重点献礼项目，由陈丽华出资 2 亿元精心打造。且不说馆中藏品价值几何，就博物馆这座建筑本身来说，也绝对称得上是一件精美绝仑的艺术品。整个博物馆占地25000平方米，整体设计恢宏壮观，细节处处精巧，既充满古色古香的意味，又不乏现代灵动的气息。

博物馆的正门共使用了400多立方米木材，而且全部是纯木结构。支撑大门的四根柱子高8米，粗0.6米，规模和材质在北京的仿古建筑中都属于绝品。博物馆五层主体建筑使用磨砖对缝工艺，毫厘不差。馆前的广场有1000多平方米，铺设方法采用的是过去只有皇家使用的海漫斗板地面，即大青砖铺设后再浸润桐油。

其实，对公众开放的博物馆只是整座紫檀宫的三大组成部分之一，紫檀宫的另外两部分别为丽华阁和紫檀国际艺术交流中心，这两部分占地共5万多平方米。

穿过紫檀博物馆，走过一条假山花径，丽华苑就呈现在眼前了。这幢楼占地面积与博物馆相仿，一楼西侧是会客厅，厅壁是由陈丽华亲自操刀而成的紫檀木雕松鹤延年图。一楼东侧是一间剧院，许多演艺名流曾在这里登台亮相，而这里也是陈丽华招待各国驻华大使的地方。二楼是一间陈列室，她与许多国内外政商名流的合影一一摆在其中。与陈列室相邻的是陈丽华的秘书室，三楼到六楼是客房，室内家具都以紫檀木为主，十分华贵，设施可媲美五星级酒店。六楼到九楼是陈丽华和家人们的居所。

博物馆的展厅面积共9569平方米，分设为展品陈列厅、宣教厅、多功能会议厅、贵宾接待室、临时展厅、游客服务中心、纪念品商店、开放式影视厅以及卫生室、游客留言处等。陈列展厅根据其展陈内容又细分为正厅陈列、书房陈列、卧室陈列、婚房陈列、佛堂陈列等不同的厅堂格局；而根据藏品材质的不同又专设了紫檀家具展厅、黄花梨家具展厅、乌木家具展厅、金丝楠家具展厅。博物馆中不仅陈列着陈丽华多年来的收藏的百余件明清紫檀绝品，还陈列有一系列可作为古代建筑摹本的微缩古建模型，比如故宫的角楼，紫禁城御花园中的千秋亭与万春亭，山西五台山龙泉寺牌坊，山西万荣县的飞云楼以及古色古香的北京四合院等等。尤其值得一提的是紫檀雕《清明上河图》大插屏群雕，以紫檀为锦，以雕代笔、以刀作画，再现了中国古代最著名的绢本画原貌，可谓是历代古画临摹史上一次伟大的创举，被世界称之为“东方艺术瑰宝”。另外，《金銮宝殿》、《乾清宫宝座》等紫檀木器的制作工艺也已经超过了故宫里特级珍品的水平，是当之无愧的传世之宝。而更让人称绝的是，在这里还有传世紫檀工艺制作绝技的现场演示。

2004 年 1 月，中国紫檀博物馆被国家旅游局评为 4A 级旅游景点，率先开启了私人博物馆进入旅游业的先河，也成为北京市对外开放及文化交流的重要场所。

几十年来，陈丽华在地产投资界，几乎是无往不利，从没做过亏本的生意。但是，投资这座紫檀宫却绝对是桩“赔本”的生意，不仅不赚钱还要无休止地往里贴补。不过，这一切早在陈丽华的计划中，她建造这座紫檀宫的最初目的也并不是为了赚钱，更不奢望能借此获利，她的根本目的在于对传统文化的保护与继承：“亏损的博物馆不可能带来金钱上的回报，纯粹从经济上而言我的这个文化投资或许是不成功的，但我从来没有怀疑过这个博物馆所蕴涵的巨大潜在价值，寸檀寸金，馆里的藏品个个都是无价之宝，保守地估计那些紫檀家具至少值 2 亿美元。我现在是用地产上赚来的钱料理这个博物馆。人们都把财富和高科技相提并论，我倒以为我的这些宫廷工艺的紫檀，丝毫不比外国的高科技逊色！”

博物馆开馆之后，曾经接待过无数中外社会名流和商界巨子，所有人看到馆中精品都叹为观止，其中有很多人都表示愿出高价购买，却都被陈丽华谢绝了。其中还有一位外国友人甚至提出要购买馆中所有紫檀精品，并开出了上亿美元的定金，可陈丽华还是初衷不改：“我 20 多年到现在没卖过1件，我从来就没想卖过。一个是我喜欢，再一个是我想做出成绩来，给后人留下，留给民间、留给国家。让大家了解我们的过去，了解老前辈留下来的民族文化。如果卖一件就会少一件。”陈丽华觉得，每个人对于金钱的理解是不一样的，好多人根本还不懂花钱的意义。

为更好地传播紫檀文化，陈丽华曾多次携紫檀珍品赴海外巡展，同时博物馆也曾多次接待各国政要的参观，并举办过一系列紫檀精品的展览。

1998年和2000年，陈丽华拿出博物馆中的部分藏品随中国文化部参加了在韩国汉城举办的“中国文化大展”和“中国皇室文物展”；2005年，又随中国贸促会参加了在日本爱知举办的世博会，并承担了中国馆贵宾厅“紫檀斋”的布展工作，荣获“最佳展示奖”；同年，在美国华盛顿和亚特兰大分别举办了“紫檀的奥秘”中国传统家具展；2009年，与两岸和平发展基金会共同在台北101大楼举办了“紫檀的奥秘——中国紫檀博物馆馆藏珍品特展”，此次展览既增加了台湾民众对紫檀文化的了解，同时也搭建了两岸交流的文化桥梁；2010年6月，中国紫檀博物馆参加了由文化部主办，文化部非物质文化遗产司、中国非物质文化遗产保护中心承办的“巧夺天工——中国非物质文化遗产百名工艺美术大师技艺大展”在北京展览馆为期9天的展览；同年12月，北京市道教协会举办的“2010弘道济世艺术品慈善拍卖会”活动在中国紫檀博物馆进行宣传展览以及慈善拍卖；2011年，中国紫檀博物馆参加了北京市民政局关于“政府购买民办文化场馆公益服务门票”活动；同年12月，北京市旅游委“北京旅游咨询”在中国紫檀博物馆正式挂牌设立站点；2012年2月，中国紫檀博物馆部分展品参加由文化部等16部委在全国农业展览馆举行的“中国非物质文化遗产生产性保护成果大展”；2013年8月，“紫檀万春亭”在美国德克萨斯州麦卡伦国际艺术科技博物馆展出。

另外，中国紫檀博物馆除了在不断进行世界巡展以及在馆内举行各种展览的同时，也在持续以另一种形式向世界介绍中国的檀雕艺术。2005 年至 2007 年的两年间，中国紫檀博物馆向中国故宫博物院、日本九州国立博物馆、德国德累斯顿国家艺术收藏馆、美国史密森博物学院、法国香波堡在内的世界五大博物馆捐赠了大型紫檀古建模型以作永久收藏。此举在向世界传播中国传统紫檀文化的同时，也开启了促进中外文化交流的“中国紫檀文化之旅”。

无论是“源远流长”、“博大精深”还是“灿烂辉煌”，陈丽华认为，任何语言都不足以形容中华民族的文化，她要做的，是把传统文化展示出来，让世界、让历史去体会、去感知。“继承、发展、创新”是中国紫檀博物馆多年来秉承的宗旨，保护历史遗产，弘扬中华民族传统文化，全方位高水平地展示紫檀艺术魅力，传承檀雕技艺，再现中国传统紫檀文化的辉煌，一直是陈丽华未来努力的方向。

陈丽华淡泊了一切名利，她的生活平淡而又平凡，但在紫檀的文化气息中生活，对民族传统文化的挖掘和坚强传承、创新中，陈丽华不仅不平凡，而且非常富有。而这种富有的价值，是无价的，是永恒的，更是我们这个时代最灿烂的风景。

家庭的幸福是最大的幸福

励志箴言：夫妻关系、父母与子女的关系，是共同组成家庭的基因。家和万事兴，只在把这些关系都处理得当，那么整个家庭才会是幸福的，关乎家庭的各个方面也才能是兴旺和睦的。

陈丽华身上的“明星光环”，很大程度上并不是源自于她的财富，尽管她是当之无愧的中国女首富。在2003年胡润富豪榜公布之前，外界对于陈丽华的了解很少，即使之后几年她连续几年荣登富豪榜，外界对她的认识也仅仅局限在一个名字上面。真正让陈丽华成为家喻户晓的“明星”的，不是别人，正是她的现任丈夫——迟重瑞。迟重瑞是86版《西游记》唐僧的扮演者，当时《西游记》已经红透全国，迟重瑞也早已是家喻户晓的大明星，两人的相识缘于对京剧的共同喜好。

酷爱传统文化的陈丽华是不折不扣 的“京剧迷”。1988年的一天，她和朋友到中国京剧院会客唱戏，恰巧迟重瑞也在那里，两人就这样认识了。后来，他们还曾一起客串过几出京剧。陈丽华感觉迟重瑞为人很诚恳，是个值得交往的朋友，不过，当时她并没有往别的地方想。京剧院一个朋友觉得他们两个很合适，便毛遂自荐当起了月下老人。可是陈丽华刚开始却并不同意，她觉得自己比迟重瑞大十多岁，他们并不合适。可是这位朋友不死心，又去说服迟重瑞。就这样，在朋友的多次说和下，两个本就彼此有好感的人开始了交往。

刚开始交往的时候，迟重瑞总是提心吊胆，担心被别人发现。陈丽华问他为什么会这样，迟重瑞说出了自己的担心："咱俩的事，剧院里已经风传开了，有人说我傍大款，有人说我吃软食儿，难听极了。"的确，一个女富豪，一个男明星，他们的身份注定了会被人"说三道四"。听了这话，陈丽华也觉得很难过。不久之后，她向迟重瑞提出了结婚，因为她知道，只要这样才能让那些谣言不攻自破。就这样，在相识两年之后，他们步入了婚姻的殿堂。

然而，有些风言风语却并没有因为他们的结合而停止。后来，迟重瑞也看开了，演戏能演一时，不能演一世，时间会说明一切。走好自己的路，过好自己的生活，这就够了。婚后，两个人过着忙碌而充实的生活。

如果说陈丽华和迟重瑞是结缘于京剧，得助于朋友的撮合最终才走入婚姻殿堂的，那么，他们婚后幸福的生活则跟紫檀有着莫大的关系。原来，迟重瑞也一直对古典家具情有独衷，这一共同爱好为他们的幸福奠定了坚实的基础。婚后，两个共同痴迷紫檀的人开始一起为这份共同的事业而奋斗。

时间飞快滑过，到了上世纪 90 年代中后期，陈丽华和迟重瑞从香港回到北京，先后投建了一系列地产项目，并获得了巨大的成功。随着地产事业的成功，夫妻二人拥有的紫檀家具和各种紫檀器物也越来越多。这时候，他们萌生了一个想法：这样好的东西，如果只留着供自己欣赏太可惜了，应该建一个博物馆，把这些紫檀家具陈列在里面，向世人展示，这样才不会辜负了它们。于是，在 1999 年，中国紫檀博物馆诞生了。

中国紫檀博物馆建成后，陈丽华任馆长，迟重瑞任副馆长。转眼十几年过去了，从“迟老师”变成“迟总”的迟重瑞，一直认为自己算不上是真正的商人：“真正商业上的事务还得靠我的夫人，都是由陈丽华和她的儿子赵勇去做的。做紫檀家具，经营紫檀博物馆，我基本还是没有离开艺术的。博物馆并不赚钱的，每天的电费、清理费、服务人员的开支等等都需要很大的开销，好在我们的企业大，有足够的资金来养这个私人博物馆。”从迟重瑞的话里可以看出两层含义，其一，他们对紫檀博物馆的付出心甘情愿；其二，他们的夫妻感情和睦如初。

2011年，迟重瑞在接受一次采访时这样说过：“有很多人都问我，跟陈丽华在一起，她那么强势，那么能干，年龄又比你大，你有压力吗？而我确实没有感觉到压力，从1990年结婚到现在，我们在一起21年了，我们甚至都不觉得有这么长时间了。我们经常在一起感叹：怎么这么快，21年都过去了！我想首先是因为我们的感情没有发生任何问题，另外我们本身都有事业心，都在整天忙碌着，所以感觉时间过得很快。”迟重瑞对这段婚姻投入的感情由此可见一斑。

从一开始并不被看好，到如今人人称羡，结婚二十多年来，这对老妻少夫的幸福生活一直持续着。每天，他们早早起床，然后分别开始忙碌自己的工作。晚上，一家人会坐在一起吃晚饭，其乐融融。孩子们已经成家立业，所以，夫妻二人每天都儿孙绕膝，享受着天伦之乐。每到假日，一家人会聚在一起唱唱歌，跳跳舞，简单而快乐。

夫妻和睦是家庭幸福的坚实基础，同时与儿女处好关系也是维系幸福这根纽带的必要条件。在对待与孩子的关系上，陈丽华也有着自己的见解：“不能把儿女当成私有财产，应该看成国家的，当作朋友，常常交流。如果认为我生的孩子就是我的，往往就会弄僵了，他有逆反心理时就不好相处了。”

在紫檀上投入越来越多的精力之后，陈丽华开始放权，她把北京的地产交给了儿子赵勇管理，把香港的业务交给了女儿管理。儿女们都很争气，把产业管理得风生水起，陈丽华感到十分骄傲和欣慰。孩子们取得的成功，陈丽华觉得在一定程度上得益于自己对他们的教育。但是她认为，自己带给子女的最有价值并不是生意经，而是在日常的交流中传输给他们的如何做人，如何成功及如何自己努力和把握方向的原则、方法。“在社会上，在与朋友的交往中，一定要有信用。信用就像生命，要像保护自己的生命一样保护自己的信用，否则会被社会自然淘汰。”

与此同时，陈丽华对儿女们的要求也十分严格。“我切给赵勇的经营范围有多少，必须遵守。比如，现在，他有十个亿的范围可以管，到十个亿以上就必须向我汇报。一开始我给他的范围是100万，只能在这个范围内干，我就没告诉他我有200万。这样，他在使用中非常谨慎：我妈妈100万全给我了，如果不谨慎，妈妈可能连饭钱都没有了。他自己就努力了。”正是在陈丽华这样的严格把关下，儿女们才能够一直在正确的道路上大步前进。对于第三代，陈丽华继续沿袭对儿女们的教育原则，虽然很疼爱，但也绝不娇惯，“我家里有三个孙子孙女，像宝贝一样，可是不能不学干活。我认为这样做是锻炼她们，不是坏事，让她们充实自己，知道怎么维护自己，将来怎么用人，不能用乱七八糟的人。骂人更不能允许。”虽然出自这样的富豪之家，但陈丽华的孙子孙女们却个个聪明懂事有礼貌，这也是让陈丽华倍感欣慰的。

如今的家庭生活，让陈丽华充满幸福，同时也充满感恩：“说句实话，在从事紫檀事业的最初，我并没有想到会有今天这样的成就。三十多年的时光，回首望望，这一路走来，充满着艰辛，也充满着无比的幸福，因为有紫檀一直陪在身边，有家人一直在身边默默地支持着自己。我的先生迟重瑞，他曾经饰演过《西游记》中的唐僧，却为了紫檀淡出了影视圈，多年来一直同我一起，勤勤恳恳，把全部的心血都融进了我们共同的紫檀事业之中。我的儿子赵勇、女儿赵莉、赵敏，对我十分孝顺，也非常支持我所从事的紫檀事业。我想，家人的支持应该是我这一路走来最坚实的后盾了。”

事业的成功，换来的是物质上的满足，但家庭的幸福，换来的是心灵上的满足。圆满的人生，既离不开成功的事业，更离不开幸福的家庭。作为“女首富”陈丽华何等幸运，因为这两种成功都被她攥在手里。